Tributo

"Si Mercedes te ha abrazado, jamás lo olvidarás. Tenía la capacidad de abrazar a las personas como nadie más en el mundo; uno siempre tenía la sensación de ser abrazado por la Madre Tierra misma. Ella nos tomó a todos en sus brazos con su voz, con esa inigualable voz de bel canto, que siempre fue una pura expresión de su alma. Nunca hubo nada de artificial sobre esta maravillosa mujer, esta valiente mujer, este ícono de una corajuda resistencia a la dictadura militar. Para mí, ella irradiaba lo más importante que hace grande a un ser humano: bondad".
-Konstantin Wecker, cantante y poeta alemán.

Adhesiones

"En este trabajo encontrarás una nueva y conmovedora perspectiva de nuestra amada Mercedes. Es un sincero y afectuoso tributo en honor de la vida de mi madre. Gracias, Anette, por todo tu esfuerzo, en el nombre de la Fundación Mercedes Sosa".
-Fabián Matus, hijo de Mercedes Sosa y presidente de la Fundación Mercedes Sosa.

Mercedes Sosa

Más que una Canción

Anette Christensen

Mercedes Sosa
Más que una Canción

Un homenaje a "La Negra",
la voz de Latinoamérica

(1935 - 2009)

Editorial: Tribute2Life Publishing

Editores: Daniel Loedel - NY Book Editors & David Larkin

Diseño de Portada: © Tribute2Life Design

Foto de Cubierta: © Ernesto Guerrero Pititore

Fotografías interiores: © Reuters

Diseño interior: © Tribute2Life Design

Ilustraciones de inicio de capítulos: © Mónica Gaifem

Dibujos interiores: © Anette Christensen

Foto de la autora: © Pernille Schmidt

Impreso con: Lora Font & Antonio Font

Traducción: Andrés Parraud

ISBN:

978-87-998216-9-3 (Libro blanco y negro)
978-87-998216-3-1 (Libro electrónico)
Primeras ediciones

Dedicatoria

En honor a Fabián Matus, el hijo de Mercedes Sosa, quien falleció el 15 de marzo del 2019, menos de diez años después de que su madre falleciera. Trabajaste de todo corazón por tu madre cuando estaba viva y tal vez aún más difícil, para establecer su legado después de su muerte.

A las Abuelas de la Plaza de Mayo, que en una edad avanzada, todavía están activas en la búsqueda de los niños robados de sus padres y entregados a Generales durante la Guerra Sucia, ustedes son un ejemplo para todos nosotros, de que la edad no es un obstáculo para hacer un cambio en este mundo.

A las personas que Mercedes Sosa amaba y sirvió durante toda su vida. Los que sufren bajo la carga de la pobreza, la persecución, la censura, la tortura y la injusticia social en cualquier forma, los indígenas, los marginados, los oprimidos, los desamparados, los huérfanos, los deprimidos, los solitarios y todos los que nunca han sido vistos y amados por quienes son.

Índice

Introducción

E L 4 DE OCTUBRE de 2009, cuando su muerte fue anunciada en las noticias, tuve mi primer vislumbre de Mercedes Sosa. Había una secuencia muy corta de ella cantando "Gracias a la vida", en un concierto acústico en Suiza en 1980. Lo primero que me impactó de Mercedes fue su autenticidad. Podía sentir que era una persona de una tremenda integridad. Lo que expresaba parecía estar en total concordancia con quien ella era. La intensidad y la firmeza de su voz, la entonación de cada nota y cada palabra me llegaron como agua cristalina reflejando mi alma. Su ternura, profunda pasión, inmensa presencia y carisma me conmovieron profundamente.

Comencé a ver y escuchar a Mercedes Sosa en Internet, y pronto me encontré totalmente sumergida en su vida; un universo de música y amor. Las lágrimas corrían por mis mejillas mientras la miraba y escuchaba sus canciones y intuitivamente comencé a usar sus ojos como un espejo que me devolvía lo que me había perdido siendo niña. En sus ojos vi la mirada de una madre, una mirada que decía: "veo quién eres, y a mis ojos tú eres maravillosa".

Desde mi descubrimiento de que Mercedes Sosa tenía un impacto tan profundo y persistente en mí, comencé a buscar cualquier fragmento de información que pudiese encontrar sobre ella. Pronto descubrí que no estaba sola en la experiencia de ser fortalecida y transformada en su presencia. Mientras indagaba cada vez más en la vida de Mercedes, descubrí que sus fans a menudo se referían a ella como una "presencia mística". Esto despertó mi curiosidad por llegar a comprender mejor su vida a nivel personal y profesional; su relación con su familia, fans y amigos, como así también los eventos que influyeron en su vida a nivel personal y profesional. Me embarqué en una misión para encontrar el secreto detrás de su enorme impacto y esa así llamada "presencia mística". Lo que descubrí me afectó en varios niveles. Observar la forma en que Mercedes lidio con problemas sociales y políticos aumentó mi conciencia social. Ser testigo de cómo se relacionaba con otros, ya fueran campesinos o presidentes, amigos o rivales, me conmovió profundamente y despertó en mí el deseo de volverme más respetuosa y compasiva y prestar total atención a los demás.

Soy una persona sensible e intuitiva que siempre busca lo mejor en los demás. A veces, cuando me encuentro con una persona por primera vez, mi detector interno me dice que he encontrado oro, es una sensibilidad que me hace sentir la esencia de una persona y ver su belleza innata de inmediato. Es exactamente lo que sucedió cuando Mercedes Sosa apareció en mi radar, sentí que había encontrado un tesoro, y cuanto más la conocía, más me convencía de haber encontrado una leyenda.

Naturalmente, estaba interesada en hablar con otros sobre ella, así que seguí preguntándole a todos en mi camino si habían oído hablar de ella, pero nunca tuve una respuesta positiva. Darme cuenta de que todavía era una heroína no reconocida en el mundo de habla inglesa, así como mi deseo de conocerla, aprender de ella y conectarme con ella, me inspiraron para escribir este libro. Recuerdo haber estado sentada en las escaleras afuera de nuestra casa mirando las estrellas cuando el pensamiento cruzó por mi mente por primera vez solo un mes después de su muerte.

Escribir este libro ha sido como armar un rompecabezas con mil piezas juntas, comenzando por tener una sola pieza y sin tener idea de cómo sería la imágen completa. Estaba tan atraída por la única pieza que había encontrado, que tuve que buscar las otras novecientas noventa. Soy una emprendedora y extremadamente persistente, y el desafío de no tener acceso a las fuentes españolas solo aumentó mi motivación. Los primeros cuatro años fueron un viaje solitario, ya que no tenía a nadie con quien compartir mis pasión, pero esto cambió en el 2013, un año después de que mi esposo y yo nos mudáramos de Dinamarca a Turquía.

Estaba regresando de la playa cuando pasé por una pequeña tienda frente a la que pasaba todos los días. Este día en particular vi un hermoso vestido *batik* de color turquesa colgado afuera. El turquesa era mi color favorito en ese momento, y decidí entrar y probármelo. Hasta ese momento sólo habíamos conocido a dos personas turcas que hablaran inglés, así que cuando la señora de la tienda se aproximó y me di cuenta de que hablaba inglés bastante bien, me quedé sorprendida y encantada.

Estaba algo anonadada también, porque se parecía muchísimo a Mercedes Sosa cuando era joven. Era una mujer menuda de aspecto exótico con un largo cabello negro e intensos ojos oscuros. Además, reconocí inmediatamente que su esencia era similar a la de Mercedes Sosa. Naturalmente no pude evitar hacerle la misma pregunta que le he hecho a todos los que me crucé durante los últimos cuatro años, aunque jamás tuve una respuesta afirmativa. Pregunté: "¿Conoces a Mercedes Sosa?"

Su respuesta hizo que mi corazón diese un salto. "Por supuesto que la conozco. ¡La adoro!"

Cuando le dije que estaba escribiendo un libro sobre Mercedes Sosa se emocionó y dijo que quería leerlo, e incluso venderlo en su tienda. También me dijo que había estado trabajando en la industria editorial en Turquía la mayor parte de su vida y que le entusiasmaría traducir el libro al turco. No estaba terminado cuando nos conocimos, pero conocerla me incentivó a hacerlo y publicarlo. Se convirtió en el comienzo de una amistad muy especial, y creo que era la forma de la vida de alentarme a seguir adelante con el proyecto.

Mientras escribía este libro, llegué a la familia de Sosa en Argentina, con la esperanza de comprender un poco mejor su vida, así como recibir su bendición para este proyecto de documentar su vida, crianza, carrera musical y el entorno social y político en el que vivió. Estoy muy contenta de que aprobaran el libro en una etapa muy temprana, y que encontrasen mi enfoque psicológico muy seductor. También contacté a algunos amigos personales y fans de Mercedes Sosa y he incluido sus historias también A través de mi conexión con latinoamericanos en Facebook, donde ahora tengo más de 16,000 seguidores, comencé a entender el profundo afecto de Mercedes Sosa hacia su gente. La gente de América Latina se ha convertido en algo muy especial para mí también, y su amor, apoyo y aliento ha conmovido mi corazón.

No considero que este libro sea una biografía completa de Mercedes Sosa; es más bien un perfil personal de ella. He usado mi imaginación en algunas partes para llenar algunos vacíos sin disminuir la credibilidad de la historia general. Estos pasajes están listados en el apéndice. También explico cómo utilicé un enfoque consciente para llegar a conocer a Mercedes lo suficientemente bien como para escribir este libro sin haber tenido acceso a las fuentes en español.

Quizás te preguntes por qué estoy haciendo el esfuerzo por describir la situación política en América del Sur. A través de Mercedes, desarrollé un afecto por América del Sur y me di cuenta de que el continente es muy ignorado por los medios fuera del mundo hispanoparlante. Como el amigo de Mercedes Sosa, el cantante cubano Pablo Milanés, dijo una vez, no es posible contar la historia de América Latina sin mencionar a Mercedes Sosa. Creo que lo opuesto también es verdad. No es posible hablar de Mercedes Sosa sin hablar sobre este turbulento pero vibrante continente al cual Mercedes dedicó toda su vida. Me refiero a América del Sur como el continente del hemisferio occidental que consiste en países e islas al sur de Panamá. Utilizo América Latina como una entidad cultural de países de habla hispana y portuguesa en ambas Américas.

En mi Canal de YouTube, Mercedes Sosa – The Voice of Hope, encontrarán una lista de reproducción con muchas de las canciones y episodios que describo en el libro. A medida que encuentres estas canciones en el libro, te aliento a que visites el canal para que puedas apreciar realmente lo que estoy describiendo.

Me emociona que, luego de casi diez años de reflexionar, escuchar, ver, investigar y escribir, finalmente puedo presentarte a esta increíble mujer que influyó en un continente entero utilizando su talento único y su destacada personalidad, y que incluso cambió completamente mi vida luego de su muerte.

Si quiere saber más sobre mi viaje personal con Mercedes Sosa, está incluido en Mercedes Sosa – The Voice of Hope (Mercedes Sosa - La Voz de la Esperanza), donde le muestro cómo me recuperé de las heridas emocionales al relacionarme con Mercedes Sosa como madre.

Creo que tanto mi historia como el conocimiento científico que respalda mi experiencia pueden ser útiles para cualquiera que se encuentre atascado en experiencias limitantes, incapacitantes o atormentadoras del pasado. Esta edición se publica para conmemorar el décimo aniversario de la muerte de Mercedes Sosa y contiene solo la parte biográfica del libro original.

He escrito este libro con el mayor respeto por Mercedes Sosa y todo lo que ella defendió. Esta es mi canción de amor a Mercedes Sosa. En su voz, la vida se convierte en canción con un aroma a esperanza tan dulce y hermoso como la flor que crece en los caminos de aquellos que buscan. Su voz representa a una mujer que a su vez representa sueños, ideales y amor que van mucho más allá de los límites de la música.

Mercedes Sosa fue más que canción. Fue la voz de la esperanza para muchos. Pueda este libro difundir su voz y la esperanza que ella encendió.

"Las personas más hermosas que hemos conocido son aquellas que han conocido la derrota, el sufrimiento, la lucha, la pérdida y han encontrado la forma de regresar de las profundidades. Esas personas tienen una capacidad de apreciación, sensibilidad y comprensión de la vida que las llena de compasión, dulzura y una profunda actitud cariñosa. La gente hermosa no aparece simplemente".
Elisabeth Kübler-Ross

Dinamarca,
4 de octubre de 2009

"La cantante argentina y heroína del pueblo Mercedes Sosa ha fallecido a causa de un fallo múltiple de órganos en un hospital en Buenos Aires, luego de haber sido internada tres semanas atrás. Su carrera se extendió por más de seis décadas y grabó más de 40 álbumes, presentándose en todo el mundo. Sosa fue el punto de referencia clandestino para muchos argentinos durante el tiempo de la dictadura, y a través de sus canciones dio vida al movimiento de protesta entre la clase trabajadora, un movimiento que llevó al colapso de la junta militar en 1983. Mercedes Sosa se hizo famosa en Europa cuando vivía en el exilio en España y Francia, desde 1979 hasta 1982. Vivió hasta los 74 años de edad".

E S DOMINGO por la tarde y me siento a ver las noticias con mi esposo. Junto con un informe sobre la muerte de Mercedes Sosa, un corto video de una hermosa dama de largo cabello oscuro, luciendo un vestido negro con un poncho andino rojo encima aparece en la pantalla del televisor. Con extraordinaria pasión y una notable y conmovedora voz canta una canción: "Gracias a la vida". Quedo cautivada por su autenticidad y su carisma, y sólo me lleva un rato darme cuenta de que estoy viendo a una mujer genuina y sincera, tan pura y extraordinaria que comienzo a preguntarme por qué no he sabido de ella antes. Como si nada más importase, me levanto para entrar en internet y averiguar más sobre esta dama. Una enorme cantidad de enlaces de YouTube aparecen. Comienzo a ver y escuchar.

En el primer video, Mercedes canta maravillosamente "Zamba por vos" con el cuarteto folclórico argentino "Los Chalchaleros". Radiante y grácil como un suave abrazo, Mercedes sube al escenario con una sonrisa consoladora en sus labios y un destello de vitalidad en los ojos. A los aplausos interminables, ella procede a saludar a los miembros del grupo,dándoles cálidos abrazos. Luego se vuelve hacia el público y, con gran tranquilidad, comienza a cantar con su profunda, agradable y suave voz de contralto.

El segundo video que vi es "Todo cambia", grabado en el Festival de Viña del Mar, en Chile, en 1993. Vestida de negro de la cabeza a los pies, se ve mística y monumental, y suena tan potente y convincente como se ve. Siento una tremenda energía emanar de ella mientras conquista el escenario con sus pasos de baile latinoamericano y el revoleo de su pañuelo sobre la cabeza. Veo a una persona dinámica y franca que no teme expresar su verdadero yo. La mirada sincera y tierna pero firme en sus ojos me cautiva, y siento como si mirase directamente en mi alma a través de la pantalla de la computadora. Hay algo en ella, una "presencia mística", que llega a las partes más profundas de mi ser y a la fuente de todos mis anhelos. Caen lágrimas por mi rostro y me doy cuenta de que he encontrado algo que siempre había esperado encontrar.

Sé instintivamente que ella es una cantante con un mensaje y una misión. Quiero descubrir cuáles son.

Buenos Aires, 4 de octubre de 2009

L UEGO anuncio oficial de la presidenta declarando el comienzo de tres días de luto nacional, las banderas ondean a media asta en toda Argentina. A lo largo de todo el país, conciertos y espectáculos programados durante ese período se cancelan y las condolencias de jefes de estado −de América Latina y del resto del mundo− llueven a raudales.

"La Negra", como fue llamada cariñosamente debido a su cabello negro azabache y sus ancestros del norte argentino, de los Andes, yace pacíficamente en su féretro en el más formal salón del Congreso, el "Salón de los Pasos Perdidos", un honor reservado sólo para los más prominentes íconos nacionales. En la avenida Callao, frente al Congreso, los admiradores hacen fila para presentar sus respetos.[1]

En el Salón de los Pasos Perdidos, fastuosas coronas adornan la impresionante sala de mármol. Gigantescos candelabros y enormes velas iluminan la penumbra del salón de altos techos con el féretro ubicado en el centro. La presidente argentina, Cristina Fernández de Kirchner, acompaña a la familia Sosa al rendir homenaje a la cantante. La familia, incluyendo al hijo de Mercedes, Fabián Matus, y sus dos nietos, Agustín y Araceli, están de pie muy cerca, con sus brazos alrededor de los demás, como en un abrazo a medias, mientras Cristina acaricia la mano sin vida de Mercedes Sosa. El esposo de Cristina, el ex presidente Néstor Kirchner, está de pie en actitud reticente a su lado, con una mirada cauta.

La gente común también está allí. Respetuosamente, una multitud de dolientes pasa frente al féretro abierto en el que se la ve descansar en su vestido azul bordado. Su largo cabello negro, que a la edad de 74 no tiene ni una hebra de gris, enmarca su tranquilo rostro de altos pómulos. Sus manos están cuidadosamente dobladas sobre su estómago rodeando un ramo de rosas blancas. El cantante Argentino Luna toca sus canciones mientras fanáticos lloran, cantan a coro y se turnan para dejar flores en el féretro.

5 *de octubre de* 2009

LOS MÁS allegados a Fabián y Mercedes siguen el féretro de madera marrón mientras es llevado hasta el coche fúnebre estacionado fuera del Congreso. A lo largo de la Avenida Rivadavia, una multitud de dolientes de todas las edades, reunidos para observar al coche fúnebre llevarla en su último viaje desde el Congreso hasta el crematorio. Están allí de pie, unidos en un momento de la historia argentina que difumina las barreras sociales y políticas.

La procesión de coches fúnebres avanza lentamente y una cantidad de dolientes lleva pancartas que dicen cosas hermosas sobre ella. Un viejo revolucionario en sus 60s lleva una pancarta que reza: "Gracias por tu vida y por tu lucha". Una cantidad de personas puede verse aplaudiendo y agitando banderas argentinas con elegante entusiasmo. Los más jóvenes hacen ruidos alegres, coreando: "*Olé, Olé, Olé, Olé, Negra, Negra*" de manera repetitiva, como si pensaran que es el seleccionado nacional de fútbol regresando luego de ganar algún campeonato. En virtualmente cada esquina, grupos de gente llevando diferentes instrumentos comienzan a cantar. Hermosa música hace eco por las calles de Buenos Aires; música que ha traído esperanza y consuelo durante décadas, desafiando la tiranía y fomentando la democracia.

Es un día de tristeza que cala hondo en el alma argentina. La heroína del folclore nacional, la madre de la nación, ha muerto. Pero lo que dio a través de su vida y sus canciones jamás morirá: perdurará.

La procesión deja lentamente el Congreso. Los primeros coches fúnebres llevan todas las ofrendas florales. El último, el féretro.

Época previa al exilio

San Miguel de Tucumán, 9 de julio de 1935

E N EL Hospital Santillán, en el noroeste de Argentina, Ema del Carmen Girón, de 24 años de edad, acaba de dar a luz. Son las siete de la mañana. Su hija recién nacida está durmiendo a salvo en sus brazos. La bebé anunció su ingreso en el mundo con un importante chillido que pudo escucharse en todo el ala de maternidad. Lo que nadie sabía es que una de las mejores voces de la historia acababa de emitir su primer sonido. Ema está agradecida por esta nueva y preciosa vida que sostiene entre sus brazos, y por un momento olvida todos los problemas financieros que traerá la crianza de una hija. Ema tiene trabajo como lavandera y su esposo, Ernesto Quiterio Sosa, trabaja en la industria azucarera cosechando caña de azúcar y paleando carbón en el horno de un molino en Tucumán.

A través de una ventana a medio abrir, Ema puede escuchar el saludo del cañón en la distancia. Los cuenta: 21. El 9 de julio es el Día de la Independencia Argentina. El instinto de Ema le dice que no es coincidencia que su hija haya nacido ese día. Hace una confidencia a la partera, que acaba de entrar a la habitación: "Esta niña va a ser alguien muy influyente un día. Su nacimiento es bienvenido con 21 salvas".[2] Mantuvo esta convicción en su corazón desde ese momento en adelante.

EMA Y su esposo, Ernesto, habitualmente están de acuerdo en todo, pero cuando tuvieron que dar a su hija recién nacida un nombre, se metieron en problemas. Ema quería llamarla Marta, mientras que Ernesto prefería Mercedes, por su madre, y Haydeé, por una muy querida prima. Finalmente tuvo el nombre de Haydeé Mercedes Sosa, pero por el resto de su vida su madre obstinadamente la llamó Marta.[3]

Mercedes creció en Tucumán, que también es llamado El Jardín de la República. Una región agrícola semitropical con incontables campos de caña de azúcar, flores y árboles frutales, la provincia más pequeña de Argentina. Es en este oasis en la esquina noroeste de Argentina que Mercedes creció con su hermana mayor, Clara Rosa —también llamada Cocha— y sus dos hermanos, Fernando y Orlando. La familia vive en una zona pobre, de clase trabajadora. La pintura rosada de las paredes exteriores de su pequeña casa de una planta en la calle San Roque 344 se está poniendo negra por el hollín y el humo de las fábricas de las cercanías, y en algunos lugares la pintura se está descascarando. La única luz que entra en la casa lo hace por dos pequeñas ventanas con barrotes de hierro que dan a la angosta calle donde los niños suelen jugar, inventando sus propios juegos, pues jamás tienen juguetes. Afortunadamente, viven cerca del parque local, que también tiene lazos con la fecha de la Independencia argentina, pues se llama Parque 9 de Julio. Se vuelve un segundo hogar para ellos.

Al crecer, Mercedes disfrutó de jugar en el parque con sus hermanos y otros niños de su modesto vecindario.[4] Siempre está alegre y se conecta con los demás con facilidad. Pero a veces prefiere estar sola y se retira a su árbol favorito. Le gusta sentarse recostada contra la corteza mientras mira a los insectos zumbando a su alrededor. Es una niña robusta en muchos sentidos, pero también tiene un lado sensible, reflexivo, que la hace preguntarse por qué algunas personas son ricas mientras que otras son pobres. A muy temprana edad desarrolló un sentido de lo bueno y lo malo. Es una sensibilidad causada directamente por ver a sus padres trabajar muy duro para alejar el hambre de su puerta. Incluso haciendo todo lo posible, a menudo no pueden permitirse comprar alimentos para sus hijos. Para distraerlos del hambre, los llevan al parque para que jueguen todas las tardes a la hora de la comida.[3] Para Mercedes, los sábados son el mejor día, porque es cuando su padre recibe su paga y la familia puede disfrutar una comida de tallarines con manteca, la única comida caliente que tienen cada semana. A menudo el hambre la mantiene despierta durante horas por la noche.[4]

Aun así, más adelante Mercedes llegará a decir que tuvo una infancia feliz. "No quiero lamentarme como alguien que ha vivido con hambre, pobreza y frío. Viví mi infancia en una casa pobre, la cual, sin embargo, estaba abrigada con los sentimientos necesarios. Mis hermanos y yo siempre tuvimos lo esencial, porque jamás nos faltó amor. En este aspecto, éramos millonarios. Nuestros padres no sólo sacrificaron sus vidas, también han sido sabios. Jamás nos agobiaron hablándonos de sus sacrificios. Nos dieron todo lo que pudieron, sin revelarnos lo que tenían que hacer para conseguirlo".[5]

Mercedes jamás dejó atrás la mentalidad de pobreza en la que creció, y eso formó su conciencia social y su compasión por los pobres, lo cual, junto con el amor de sus padres, forma su ideología y le proporciona los sólidos fundamentos que siempre ha mantenido. Como adulta, llega a la conclusión: "La pobreza siempre nos persiguió, pero jamás nos venció. Sólo nos ayudó a ser libres y elegir nuestra forma de pensar".[6]

Mercedes tuvo una relación muy cercana con sus abuelos. Su abuelo por el lado materno es medio francés, mientras que sus abuelos por el lado materno son amerindios con raíces quechuas, descendientes del imperio Inca. Mercedes no es consciente de sus orígenes indígenas hasta que su abuela está muriendo y, en su delirio, comienza a hablar en quechua, pero este descubrimiento le inspira un amor por los pueblos originarios y su cultura, un afecto que quedará con ella durante toda su vida.[7]

Cuando Mercedes comienza a ir a la escuela, rápidamente aprende a leer. Le encanta leer, y siempre que en casa es hora de cocinar, Ema echa de la cocina a Mercedes y la envía a su habitación, donde puede hacerlo.[8] Es importante para Ema que Mercedes obtenga todo el conocimiento que pueda, y Mercedes jamás se resiste. Es curiosa, ávida de saber, y absorbe las palabras de un libro tras otro como una esponja. Expande sus horizontes y le da una comprensión de la historia, la cultura y la gente de diferentes orígenes que el suyo. Mercedes también canta y baila durante su infancia. Para ella, es como caminar y hablar. Pero sigue siendo tímida y no le gusta actuar para otros.

Entonces, un día de octubre de 1950, cuando tiene 15 años, la maestra de música de su escuela, Josefina Pesce de

Médici, descubre su capacidad para cantar. Para alentar el talento de Mercedes, le pide que dirija al coro de la escuela para cantar el Himno Nacional en una celebración escolar. Mercedes intenta esconderse en el fondo, pero Médici le dice que avance frente a todas las maestras, a sus compañeros y los padres, y que cante en voz alta y clara. Está nerviosa, aterrorizada, pero lo hace tan bien que su maestra y algunos de sus amigos deciden, sin decírselo, inscribirla en un certamen en la estación de radio local. "Recuerdo cantar desde el principio de mi vida. Sin embargo, no es lo mismo cantar en casa que para el mundo. Hay una fecha para esto. Tenía 15 años de edad y un día la escuela terminó dos horas antes. Hubo un certamen en la estación de radio de la ciudad, LV12. Me presenté más como un juego que para cantar".[9] Mercedes escogió cantar "Triste estoy", una zamba de Margarita Palacios bajo el seudónimo de Gladys Osorio. Ganó el certamen y el premio era un contrato de dos meses con la estación de radio. Este fue el primer hito de su larga carrera. Mercedes ya sabía que quería pasar el resto de su vida cantando. Había nacido una estrella.

Su madre sabía sobre el certamen, pero no Ernesto, su padre, quien sabían que no lo aprobaría. Lo descubrió eventualmente, al reconocer la voz de su hija en la radio, y se molestó mucho. Cuando Mercedes regresó a casa, la abofeteó, algo que jamás había hecho antes. No quería que su hija se convirtiera en cantante, pues pensaba que eso la alejaría de la familia y la llevaría a un estilo de vida alocado y libertino. No creía que hubiese ningún futuro en ser un cantante y quería que sus hijos tuviesen una educación para que pudiesen lograr más en la vida de lo que había logrado él. Pero para tener el contrato de dos meses con la estación de radio, Mercedes, una menor de edad, necesitaba la firma de sus padres, y Ema no quería firmar a espaldas de su esposo. Es una mujer inteligente que sabe cómo influenciar a su esposo. Luego de algo de persuasión, finalmente él se rindió y firmó el contrato bajo la condición de que Mercedes tuviera una educación. Para complacerlo, ella decidió convertirse en profesora de danza y estudió danzas tradicionales latinoamericanas como chacarera, milonga y zamba.

La zona en la que creció, con la influencia de la cultura indígena de la cercana Bolivia, la inspiró para convertirse en una cantante folclórica, si bien podría fácilmente haber hecho en cambio una carrera en la ópera, cosa que incluso contempló durante un tiempo. Su elección de estudios resultó ser una ventaja para su carrera artística. Pero no podía dejar de cantar y seguía recibiendo invitaciones para actuar en eventos públicos. Sus padres no tuvieron otra opción que acostumbrarse a la idea, y poco a poco lo hicieron. Pronto, toda la familia está siguiéndola a donde fuera que vaya.[10]

Por mucho que le encante cantar y por muy seguido que lo haga ante el público, para Mercedes sigue siendo un desafío enorme cada vez que se planta ante ellos. Sigue siendo tímida y, a pesar de las apariencias, padece un severo pánico escénico. Es un miedo que sabe que debe superar si quiere alguna vez hacer realidad su sueño.

EMA Y Ernesto están interesados en la política. No pertenecen a ningún partido pero apoyan a Juan Domingo Perón, e incluso más a su esposa, Evita, a quien admiran por su belleza exterior y su influencia. Como ellos, Evita proviene de una región pobre del país; a diferencia de ellos (pero quizás como su hija), ella se abrió paso para salir de la pobreza como actriz. Ahora, con su esposo en el sillón de Rivadavia, es responsable del Ministerio de Trabajo, así como del Ministerio de Salud. Se ha enfocado en hacer reformas para ayudar a los más pobres de la población y fundó una organización de caridad, la Fundación Eva Perón, responsable de construir casas, escuelas, hospitales y hogares para niños. Evita también está detrás de la legislación que dio a las mujeres el derecho a votar por primera vez. Es una heroína a los ojos de la clase trabajadora y es amada por millones de argentinos, aunque la derecha de la sociedad se opone a ella vehementemente.

A los 17 años, Mercedes adora a Evita y la ve como una verdadera revolucionaria. Es una enorme tristeza para ella cuando, el 26 de julio de 1952, Evita muere a causa de un cáncer cervical, con sólo 33 años de edad.[2]

EN 1957 Mercedes conoce a Manuel Oscar Matus, un compositor y guitarrista apasionado por la música latinoamericana, igual que Mercedes. Se enamoró perdidamente de él y sus canciones a pesar del hecho de que ya estaba comprometida con otro. "Estaba por casarme con un hombre rico, pero me casé con un hombre pobre, y jamás lo lamenté. Ese hombre pobre fue el autor de las canciones más hermosas que he cantado. Si no me hubiera casado con él, hubiese sido un gran error".[3]

Oscar también es bien parecido y encantador, con sólidos ideales de izquierda. Se casan el 5 de julio de 1957. Mercedes no quiere irse de Tucumán, donde ha vivido toda su vida, pero Oscar la convence de mudarse a Mendoza, en el centro oeste del país. La ciudad es un punto de encuentro cultural para artistas, donde muchas amistades beneficiosas se forjan. Pronto Mercedes queda embarazada y el 20 de diciembre de 1958 da a luz a un hijo, Fabián. Ganarse la vida con la música es un desafío tremendo; la nueva familia lucha financieramente y vive en condiciones de pobreza que recuerdan a Mercedes su infancia. Aunque les hubiese encantado permanecer en Mendoza, las circunstancias amenazantes los fuerzan a mudarse a Buenos Aires, dejando atrás a amigos y familiares para comenzar un viaje hacia una vida mejor y más estable.[8]

Pero en la capital pronto descubren que no pueden vivir sólo de la música, por lo que aceptan empleos de limpieza y trabajan por la noche como botones en hoteles. Mercedes, como sus padres antes que ella, sufre por el peso de no ser capaz de alimentar a su familia. Cuando va al mercado, compra los descartes de costillas sin carne en ellas; esos huesos darán algo de sabor a la sopa que cocina. Por primera vez en su vida se siente desalentada y deprimida. Ésta no es la vida que había imaginado, ni para ella ni para su hijo.

Artísticamente, Oscar Matus es una tremenda inspiración para Mercedes, pues le resulta una gran alegría cantar sus canciones. Él la alienta a dedicarse aún más a las tradiciones musicales originales latinoamericanas y a revivir la música folclórica, un género que está a punto de caer en el olvido debido al incesante avance de la música contemporánea. Él es el productor de sus primeros dos álbumes, La voz *de la zafra* y *Canciones con fundamento*. A menudo dan conciertos para estudiantes en el campus de la Universidad de Buenos Aires, donde Mercedes tiene una gran aceptación entre los estudiantes, que están impresionados por su voz y su personalidad cautivante. Ella siempre tiene tiempo para hablar con ellos y escuchar sus ideas. Pero, al mismo tiempo, a medida que crece su popularidad surge una envidia artística en Oscar que pesa sobre su matrimonio. La presión financiera, aún presente a pesar de los recientes logros de Mercedes, afecta su matrimonio aún más. Independientemente de su afecto por la música de Oscar, para ella la duración de su matrimonio es algo incierto. Pareciera que sólo su pasión por la música es lo que los mantiene juntos.

COMENZANDO EN Chile bajo la influencia de Violeta Parra y Víctor Jara, el Movimiento Nueva Canción se difundió en los '60 y '70 por toda América Latina. Está asociado con la música revolucionaria porque sus músicos apuntaban a unirse con sus oyentes exigiendo democracia y justicia social, esperando lograr un cambio social y político a través de la música. Las letras ponían problemas como la pobreza, el imperialismo, la democracia, los derechos humanos y la libertad religiosa en el candelero y se relacionaban con el pueblo marginado poniendo en palabras sus luchas y sus esperanzas. La canción "Plegaria de un labrador", de Víctor Jara, por ejemplo, habla de la necesidad de una reforma agraria, dando a los granjeros el derecho a poseer la tierra que cultivan.

Líbranos de aquel que nos domina en la miseria
Tráenos tu reino de justicia e igualdad
Sopla como el viento la flor de la quebrada
Limpia como el fuego el cañón de mi fusil
Hágase por fin tu voluntad aquí en la tierra
Danos tu fuerza y tu valor al combatir
Sopla como el viento la flor de la quebrada
Limpia como el fuego el cañón de mi fusil

Estas baladas, cargadas de mensajes políticos envueltos en metáforas evocadoras y poéticas, son percibidas como amenazas por parte de gobiernos opresores. Una de las canciones favoritas de Mercedes, que de muchas maneras se convirtió en el equivalente de su propia lucha y resistencia, es "Como la Cigarra", de la poetisa argentina y escritora de libros infantiles María Elena Walsh.

Tantas veces me mataron,
Tantas veces me morí,
Sin embargo estoy aquí
Resucitando.
Gracias doy a la desgracia
Y a la mano con puñal
Porque me mató tan mal,
Y seguí cantando.
Cantando al sol como la cigarra
Después de un año bajo la tierra,
Igual que el sobreviviente
Que vuelve de la guerra.

Mercedes Sosa y Oscar Matus son las figuras clave del Nuevo Movimiento de la Canción en Argentina. Con la intención de intercambiar ideas con artistas y movimientos de toda Latinoamérica, se encontraron con otros 11 artistas y poetas en Mendoza el 11 de febrero de 1963 para firmar el Manifiesto fundacional del Nuevo Cancionero. El movimiento enfatiza la historia indígena del continente y las raíces culturales nativas, utilizando instrumentos folclóricos como la flauta andina, la quena, la flauta de pan y el charango de 10 cuerdas.[9]

En Argentina, Mercedes y Oscar trabajaron muy cerca de Armando Tejada Gómez, un poeta argentino que vivía en Mendoza. Gómez escribe las canciones, Matus compone la música y Mercedes Sosa provee la voz que conecta a las otras dos. Mercedes jamás escribe sus propias canciones; su fortaleza yace en interpretar las canciones de otros y hacerlas suyas. "Me enamoro de una canción como una se enamora de un hombre. Amo lo que canto"[3], dijo. Muchas de sus canciones son de Víctor Jara y Violeta Parra, de Chile. "Gracias a la vida", de esta última, se convierte en una de las canciones más conocidas del movimiento a nivel mundial, gracias a la interpretación de Mercedes, que es notablemente persuasiva y personal, al punto de que la canción se convierte definitivamente en su marca registrada. En Estados Unidos es cantada por Joan Baez, quien también usa su popularidad como vehículo para la protesta social, expresando una visión antiimperialista como resultado de la guerra de Vietnam.

OSCAR MATUS es un comunista ferviente y apoya los métodos activistas. Mercedes se une a él en el Partido, pero no puede aceptar su enfoque activista, por lo que renuncia poco después. A pesar de la brevedad de su membresía en el Partido Comunista, será encasillada por el resto de su vida como uno de sus miembros, estigmatizada por los políticos de derecha como comunista y una amenaza. Mientras tanto, los comunistas aprovechan la aparición de su nombre en sus listas de miembros, y al mismo tiempo la culpan de no ser una comunista "real" porque no rompe con la Iglesia Católica. Sin embargo, Mercedes no permite que nadie la encasille. Ella es lo que canta en la canción "Como un pájaro libre", un pájaro libre que sigue su corazón y sus convicciones en todo lo que hace.

Su intervención en el Movimiento del Nuevo Cancionero es una plataforma ideal desde la que puede combinar su arte y su preocupación por los problemas humanos. Es una mujer con una ideología de izquierda, pero no se ve a sí misma como una líder política ni quiere ser etiquetada como cantante de protesta tampoco.[10] "¿Son canciones de protesta? Jamás me gustó esa etiqueta. Son canciones honestas sobre cómo son las cosas en realidad. Soy una mujer que canta, que intenta cantar lo mejor posible con las mejores canciones disponibles. Me fue impuesto este papel como gran protestante, pero no es así en absoluto. Sólo soy una artista que piensa. La política siempre ha sido una cosa ideal para mí. Soy una mujer de izquierda, pero no pertenezco a ningún partido y los artistas pensantes deberían permanecer independientes de todos los partidos políticos. Creo en los Derechos Humanos. La injusticia me duele, y quiero ver paz verdadera"[11], dijo.

Por insistir en que es una artista, se gana algunos enemigos en la izquierda, mientras que su ideología de izquierda la hace enemiga de la derecha. Es un dilema, pero eso no impide que tome una posición con su música. "A veces una canción necesita tener contenido social. Pero el problema primordial es la honestidad de uno. En América Latina, el mero acto de una artista siendo honesta es en sí mismo político"[12], dijo, y propugnó que los artistas tienen el mismo derecho a tener una ideología que cualquier otro.

NO SON sólo dilemas políticos los que Mercedes debe superar. También enfrenta un dilema moral: ha quedado embarazada por segunda vez. Mercedes ama a los niños y quiere más, pero siente que es una irresponsabilidad de su parte[8]. Su carrera consume casi todo su tiempo y energía y está viviendo una vida turbulenta, a menudo cambiante, que carece de un entorno seguro necesario para criar un hijo. Ya está luchando por ser la madre que quiere ser para Fabián y es un enorme desafío para ella reconciliar sus altas expectativas para sí como madre con sus ambiciones como artista. Está abrumada por la idea de tener un segundo hijo y, cuando enferma durante su embarazo, decide hacerse un aborto, una decisión difícil para ella, que la hace sentir que no es capaz de vivir según sus ideales.[8]

Esta experiencia le da una nueva perspectiva de las jóvenes que quedan embarazadas contra su voluntad. No está en contra de la Iglesia Católica, pero ve como un problema que la Iglesia esté en contra de enseñar a los jóvenes adultos sobre sexualidad y que no se ocupe del problema de los niños abusados por sacerdotes. Demasiadas adolescentes mueren por acudir a médicos incompetentes que no saben cómo hacer el procedimiento de manera segura y adecuada. Cree que las niñas promedio de 15 años de edad no son capaces de cuidar un hijo y que dichas niñas necesitan que alguien hable por ellas.[8] Como resultado, se embarca en un viaje de por vida, convirtiéndose en vocera de los derechos de la mujer y, en 1995, es distinguida por su trabajo al recibir el Premio UNIFEM de las Naciones Unidas.[13]

Mercedes jamás se arrepiente de su decisión de hacerse un aborto, pero sin embargo con frecuencia se siente culpable al respecto.

LA PRESIÓN financiera, su estilo de vida impredecible, criar un hijo, sus desacuerdos en política y los celos de Oscar −que causan que él la maltrate− la fuerzan a preguntarse si puede mantener sus votos y conservar su matrimonio[4]. Está desesperada por escapar, pero está atrapada por su voto. Siempre ha sido una "buena chica". No ha tenido sexo con nadie antes de casarse y jamás le ha sido infiel a su esposo. De acuerdo con las normas de la época y los valores tradicionales de su región, creció creyendo que las buenas chicas no se divorcian. Aun así, está evaluando tomar otra difícil decisión que va contra sus valores y su personalidad leal. Pero mientras lo está considerando, se entera de que Oscar le ha sido infiel y quiere dejarla por otra mujer. Él toma la decisión por ella, aliviando su conciencia. De todas maneras, ella se siente humillada y encuentra difícil aceptar que él la ha abandonado. El odio no es un sentimiento que la posea normalmente, pero Mercedes siente odio hacia la otra mujer durante el resto de su vida. "No rompí mi matrimonio. Él me abandonó. Una chica tucumana se casa de por vida. Eso me destruyó"[4].

Mercedes y Oscar estuvieron casados durante ocho años cuando Mercedes, a los 30 años de edad, finalmente aceptó que el matrimonio había muerto y aceptó separarse.

Luego del divorcio se sentía desconsolada y sola. Ni siquiera tenía un lugar de residencia permanente e iba de una pequeña pensión a otra con Fabián, que ya tiene siete. Eventualmente decide enviar a Fabián a vivir con sus padres en Tucumán. Sus ingresos provienen de cantar en clubes nocturnos en Buenos Aires, pero no gana lo suficiente y tiene que pedir prestado a sus amigos para poder sobrevivir. Llegado el momento de devolver a sus amigos y al preguntar cuánto debe, todos le responden con variaciones de la réplica: "¿Qué dinero?". Queda profundamente conmovida por el sentido de solidaridad mostrado por sus amigos, que son artistas luchando por llegar a fin de mes también.

En 1965, Mercedes da un paso significativo hacia adelante en su carrera. Gracias al apoyo de un cantante argentino muy popular, Jorge Cafrune, quien la invita a cantar en el Festival Nacional de Folclore de Cosquín, donde tiene un gran éxito. Al inicio, el comité del festival no quiere que cante pues la considera una comunista, pero Jorge Cafrune insiste. Parada en el escenario con su brazo rodeando a Fabián, a quien lleva con ella siempre que puede, agradece a Jorge Cafrune y al comité la oportunidad de cantar. La canción que le da su mayor espaldarazo es casi profética, su letra apuntando ominosamente lo que ella está a punto de enfrentar.

Viene a mí la noche en medio de la tarde,
Pero no quiero convertirme en sombras,
Quiero ser luz y quedarme.

EN 1967 una nueva vida va tomando forma. Profesionalmente, Mercedes está siendo presentada en los grandes escenarios internacionales. Realiza conciertos en Miami, Roma, Varsovia, Lisboa, Leningrado y muchas otras ciudades. Se compromete con Francisco "Pocho" Mazzitelli, su representante, con quien había establecido una amistad estando aún casada con Oscar. Al principio era simplemente un muy buen amigo y compañero, pero la amistad se convirtió en amor. Se hizo imprescindible para la manera en que Mercedes se desarrollaba como música, pues le gustaban muchos géneros diferentes y la introdujo en la música clásica y el jazz. Su relación ayudó a Mercedes a evitar que se volviese aún más depresiva y solitaria luego de su divorcio. Francisco, o Pocho, como ella lo llama, la sacó de la oscuridad y Mercedes se dio cuenta de que debía aferrarse a él para mantenerse en la luz.[4] Decidieron casarse en 1968. Pocho es un par de años mayor que Mercedes y le da la estabilidad y la paz que jamás experimentó en su matrimonio con Oscar. Terminó siendo el amor de su vida, su verdadero compañero y un padre sustituto para Fabián. También está allí para apoyarla en su duelo cuando su padre muere repentinamente de un ataque al corazón en junio de 1972, a la edad de 62. [8]

AL CRECER la popularidad del Movimiento Nueva Canción entre la clase trabajadora, se convierte en una amenaza para los dictadores gobernantes de todo el continente. Pronto, muchos de sus artistas enfrentan opresión política – censura, persecución, intimidación– y algunos son forzados a exiliarse. Uno de los líderes del movimiento en Chile, el buen amigo de Mercedes, Víctor Jara, públicamente apoya a Salvador Allende para presidente. En 1970, Allende asume como primer jefe de estado socialista en un país latinoamericano elegido democráticamente. Cuando se para frente a las masas por primera vez para ser aclamado, hay una pancarta colgando tras él que dice: "No es posible hacer una revolución sin cantar".

Víctor Jara participa de todas las reuniones políticas de Allende. Da conciertos gratuitos en apoyo del gobierno y giras por todo el mundo, resaltando para el público el estilo de socialismo pacífico de Chile. Sin embargo, luego de un sangriento golpe el 11 de septiembre de 1973, los militares, liderados por el Comandante en Jefe Augusto Pinochet, derrocan a Allende, quien muere por causas desconocidas durante el ataque al Palacio de la Moneda.

Al mismo tiempo, Jara está en la Universidad Tecnológica de Santiago, donde es profesor. La universidad está ubicada a sólo unos cientos de metros del palacio presidencial y está rodeada por los militares, por lo que nadie puede salir. Víctor llama a su esposa inglesa, Joan, desde la Universidad, y le dice que se quede dentro de su casa con sus dos hijas hasta que los combates terminen. Le dice que pasará la noche en la Universidad con otros profesores y estudiantes y que regresará por la mañana. Se declaran mutuamente su amor antes de cortar la comunicación. Es la última vez que ella escucha su voz. Por la mañana, los estudiantes y profesores son atacados por los militares y, junto con miles de otros chilenos pro-Allende, son llevados al Estadio Nacional de Fútbol. Allí, Jara es torturado. Primero lo obligan a cantar y tocar la guitarra. Luego, cortan sus manos con un hacha antes de matarlo con cuarenta y cuatro disparos en la cabeza, pecho, brazos y piernas. Unos días más tarde, Joan encuentra su cuerpo en una zanja en las afueras de Santiago. [14]

Lo hicieron por miedo. Como dijo un oficial, "Víctor Jara puede hacer más daño con sus canciones que 100 ametralladoras". La declaración del oficial sirve como ejemplo de lo poderoso que se había vuelto el Movimiento Nueva Canción y por qué la junta militar bajo el mando de Pinochet prohibió el nombre y la música de Jara en todo Chile. Afortunadamente su viuda, Joan, logró llevar de contrabando fuera del país la mayoría de la música original de su esposo, permitiendo que sea copiada y difundida por todo el planeta. Su trágica muerte lo convirtió en un mártir, un símbolo de la lucha contra el fascismo y la injusticia social en América Latina y en el resto del mundo.

Cuando la noticia del asesinato de Víctor Jara llegó a Mercedes, rompió en llanto. Ahora sabe cuán lejos puede estar dispuesto a llegar un régimen para detener a los cantantes del Movimiento Nueva Canción. Simultáneamente se da cuenta de la poderosa arma que son las canciones. Está decidida a seguir cantándolas a cualquier costo, siempre que den esperanza al pueblo. La muerte de Jara sólo alimentó el fuego que ya ardía dentro de ella. Ahora, más que nunca, está lista para continuar su resistencia contra los opresores de los pobres.

El último álbum de Mercedes, *Hasta la victoria*, contiene canciones de contenido social y político, claramente en respuesta a estos horribles eventos. La canción "Plegaria a un labrador" es prácticamente una capa roja agitada frente al toro desbocado de la derecha, pues fue escrita por Jara. En Chile, la canción ha sido censurada. Mientras tanto, en Argentina, las autoridades bajo el liderazgo de Alejandro Agustín Lanusse se sienten también amenazadas y provocadas por las canciones de Mercedes. Temiendo que ella incite a una revuelta, prohíben la mayoría de sus canciones, que dejan de escucharse en la radio. Sus grabaciones ya no pueden ser vendidas en las tiendas. Aún tiene permiso para actuar si mantiene las canciones prohibidas fuera de programa, pero su libertad de expresarse y ganarse la vida es gravemente restringida. "Siempre canté canciones sinceras sobre el amor, sobre la paz, sobre la injusticia. Lamentablemente, algunas personas se sienten amenazadas por la verdad"[15], dijo.

El golpe en Chile fue el precursor de lo que será un importante revés para Mercedes. Argentina está pasando de un golpe a otro, lo que lleva a un caos político y gobiernos que cambian constantemente. Perón, quien había sido derrocado por un golpe militar en 1955 por Eduardo Lonardi, un nacionalista católico, logra regresar al gobierno en 1973, luego de años de exilio en España. Esto alimenta una pequeña esperanza para la democracia, pero el partido peronista está dividido entre facciones liberales y conservadoras, haciendo difícil, si no imposible, gobernar. Perón ha sido fuertemente influido por el General Franco en España, y su nueva esposa, Isabel, a quien ha nombrado vicepresidente, está interesada exclusivamente en cumplir los intereses de grupos de derecha. También está preocupada con lo oculto y tiene una cercana conexión con el vidente José López Rega, y convence a su esposo de que lo nombre su secretario privado. López Rega se convierte en el responsable de establecer una fuerza paramilitar, la Alianza Anticomunista Argentina, o Triple A, como llega a ser conocida. La Triple A es esencialmente enviada con la tarea de sofocar cualquier elemento de izquierda dentro del partido.

El último período de Perón en el gobierno es corto, pues muere de un ataque al corazón el 1º de julio de 1974. Isabel Perón queda a cargo luego de la muerte de su esposo y se convierte en la primera mujer que no sea de la realeza en ser jefe de estado en el hemisferio occidental. Pero apenas tiene experiencia política y, menos aún, ambición. Designa como Ministro de Bienestar Social a López Rega, quien es extremadamente fascista en sus creencias y, bajo su influencia, Isabel vira completamente hacia la derecha. Firma un decreto que da a la Triple A carta blanca para aniquilar las actividades de la guerrilla y "erradicar a los agitadores". Una escuadra de la muerte se organiza, inspirada por algunos de los miles de criminales de guerra nazis que Juan Perón permitió que entraran en Argentina luego de la Segunda Guerra Mundial. [16] En 1974 mataron a 70 opositores de izquierda. El número creció rápidamente y en 1975 asesinaron a cinco personas por semana. [17]

Durante el ejercicio de la presidencia de Isabel Perón, la economía del país cayó en el caos. El peso cayó un 70 por ciento y, como resultado, el país experimentó una recesión e inflación devastadoras. Simultáneamente, la oposición la acusó de tomar enormes sumas del paquete de rescate del gobierno, la Cruzada de Solidaridad, y transferirlas a sus cuentas bancarias personales en España. Por consiguiente, perdió sus últimos apoyos y, en noviembre de 1974, declaró al país en estado de emergencia.

MERCEDES SE encontraba en medio de todo esto cuando, en 1974, es invitada por el Partido Comunista a Cuba. Su viaje fue visto con dureza por quienes detentaban el poder y, unos días antes de su partida, recibió una carta antes de un concierto en el Teatro Estrella en Buenos Aires. La abrió y se quedó helada. Su corazón se desbocó. Temblando, leyó la misiva escrita a máquina y firmada por la Triple A diciéndole que dejara el país antes de cuatro días o aceptase las consecuencias.[4] Tenía que presentarse ante el público y se rehízo. Hiciera lo que hiciese, sabía que su vida y su carrera estaban por cambiar para siempre.

Luego del concierto, Pocho insistió en que enfrentaran su miedo y regresaran caminando como lo hacían habitualmente en lugar de acobardarse. Pero es más fácil decirlo que hacerlo. Mientras caminaban hacia la Avenida Córdoba por la calle Carlos Pellegrini, en el centro de Buenos Aires, advirtieron que estaban siendo seguidos, una experiencia que dejó una impresión duradera en la memoria de Mercedes. "Era una tarde de sábado. Jamás lo olvidaré. Durante esa caminata aprendí lo que es el miedo", dijo.[2]

Se apresuraron a regresar a casa y, cuando estaban a salvo adentro, espiaron con cuidado a través de las cortinas de la sala hacia abajo, a la calle. Los mismos hombres estaban allí fuera, de pie en el pavimento, mirando hacia su piso mientras fumaban. Mercedes comenzó a transpirar. Sus manos temblaban. Pocho pasó su brazo sobre los hombros de ella e intentó calmarla, explicándole que la Triple A no podía hacerle daño porque atraerían demasiado la atención internacional si lo hicieran. Pero Mercedes estaba convencida de que su nombre figuraba en la lista de la Triple A de "Comunistas Peligrosos", incluso si han pasado años desde que fuera miembro del partido. También sabe que consideran que sus canciones son una traición. Mercedes está decidida a no dejar que la ansiedad y la desesperación le impidan cantar. De alguna manera se acostumbra a tener a la Triple A sobre sus talones. Puede superarlo porque se siente gratificada en su vida personal. Pocho la ayuda a aguantar.

La sospecha de Mercedes de que su nombre está en una lista de archienemigos del estado quedó demostrada luego de su muerte. En el 2013, el ministro de defensa de Argentina encontró y divulgó registros secretos del plan de gobierno de la Junta Militar hasta el año 2000 en el sótano de la sede de la Fuerza Aérea Argentina. Los documentos están firmados por el Secretario General. Entre estos documentos hay una lista de los nombres de 331 intelectuales, periodistas, artistas y músicos que fueron puestos en la lista negra por ser las personas más peligrosas para el régimen por sus antecedentes ideológicos marxistas. Los documentos tienen valor legal para los juicios que aún siguen su curso en la Argentina.[18]

EL CAOS E inestabilidad política abren el camino para otro golpe, y los militares aprovechan el recelo que tiene la gente con el comunismo, el cual es percibido como "el enemigo interno" y una amenaza para la Argentina tradicional y los ideales occidentales. La tarea de los militares se convierte en más que implemente proteger las fronteras del país; ahora también tienen que proteger la pureza ideológica de la Nación.

Una junta militar formada por el Almirante Emilio Massera, el General Orlando Ramón Agosti y el previo comandante militar del ejército argentino, Jorge Rafael Videla, derroca exitosamente a Isabel Perón el 24 de marzo de 1976. Dos días después, Videla se autodesigna presidente. Éste no es un golpe más y Argentina pronto enfrenta la época más sangrienta y vergonzosa de su historia. Videla planea eliminar a cualquiera que se oponga al régimen. Siendo aún comandante militar en el Ejército, dio una entrevista a un periodista en una conferencia en Uruguay y dijo que para garantizar la seguridad nacional tendrían que morir todos los que fueran necesarios. El periodista le pidió que clarificara a quienes se refería, y Videla respondió sin dudarlo: "Todo aquel que se oponga al modo de vida argentino".[17]

En la mayoría de los medios conservadores, los generales tienen una cobertura positiva. Son descritos como palomas que sacrificadamente han tomado sobre sí la carga de salvar a la Argentina para evitar el derramamiento de sangre. Pero poco después de su asunción, la Junta reemplazó la Constitución existente con lo que llamaron el Proceso de Reorganización Nacional. Como por arte de magia, se dieron a sí mismos el poder de ejercer todos los poderes: Ejecutivo, Legislativo y Judicial. Los generales se nombraron a sí mismos protectores de las tradiciones, familia y propiedad de la Nación. Cualquier crítica a este nuevo gobierno es vista como oposición que debe ser erradicada para proteger a la Nación. Los sindicatos, partidos políticos y universidades son objeto de control de los militares. Tanto la policía como las Fuerzas Armadas reciben mayor autoridad. El comunismo debe ser detenido a cualquier costo. Por todo el país se crean 340 campos de detención secretos financiados por el Estado. Unidades militares especiales son creadas para secuestrar, interrogar, torturar y asesinar. Nadie está a salvo. La gente es sacada de sus hogares por la noche por hombres fuertemente armados en ropa de civil. Van tras mujeres embarazadas, niños, bebés, estudiantes, periodistas, maestros, artistas, monjas, sacerdotes, abogados; cualquiera que muestre signo alguno de simpatía por un enemigo. Como el General Ibérico Saint-Jean, gobernador de Buenos Aires, dijo en 1977: "Primero mataremos a todos los subversivos, luego mataremos a sus colaboradores, después a sus simpatizantes, enseguida a aquellos que permanecen indiferentes y, finalmente, mataremos a los tímidos".[17]

Escuadrones armados asaltan las casas de la gente y amenazan a familias enteras, les vendan los ojos, los esposan, y los llevan a campos de detención donde son sistemáticamente expuestos a tortura física y psicológica. Padres son forzados a ser testigos de la tortura de sus hijos. Esposos son forzados a ser testigos de la violación de sus esposas. A menudo sucede en presencia de un médico, quien es responsable de mantener a las víctimas vivas todo el tiempo posible.

Cuando una víctima muere, se deshacen del cuerpo para eliminar la evidencia de sus crímenes.

Muchas familias no informan la desaparición de alguien por miedo a infligir mayor sufrimiento en sus familiares desaparecidos. Cuando no hay cuerpo y un familiar informa una desaparición, el informante corre el riesgo de ser acusado del crimen. En el Río de la Plata cuerpos no identificados aparecen en las orillas. Resulta que algunas de las víctimas de tortura son drogadas, llevadas a un aeropuerto, embarcadas en un avión y arrojadas sobre el mar, vivas.

En referencia a los asesinatos como "desapariciones", los generales intentan refutar cualquier acusación de su participación. "Los desaparecidos son eso, desaparecidos. No están ni vivos, ni muertos; están desaparecidos", dice Videla.

Muchos de los desaparecidos son niños, abducidos de sus padres, incluyendo niños que nacieron en cautiverio en centros de detención (a menudo, las mujeres que los parieron fueron asesinadas inmediatamente después). El régimen toma estos niños y los entrega a oficiales de alto rango de las fuerzas armadas en adopción o, en algunas ocasiones, a parejas inocentes que no conocen el origen de sus hijos. Los generales creen que es mejor para los niños crecer en una familia "respetable" en lugar de ser educados por rebeldes. "Los padres rebeldes enseñan a sus hijos a rebelarse. Deben ser detenidos", [17] dijo en 1984 el General Ramón Juan Camps, Jefe de Policía de Buenos Aires, en un esfuerzo por justificar sus acciones. El resultado de esta política es que muchos niños crecieron con una falsa historia y una falsa identidad, privados de derechos que son reconocidos internacionalmente como Derechos Humanos Universales.

Los familiares de desaparecidos comienzan a organizarse en la búsqueda de sus seres queridos. Azucena Villaflor, una mujer en sus 50s que perdió a su hijo y su nuera, comienza a reunirse con otras madres en su casa para convertir la desesperación en acción y descubrir qué había sucedido a sus hijos y nietos. En abril de 1977, 14 madres y abuelas se reunieron, apuntando a exponer los crímenes del régimen ante el mundo. Comenzaron a encontrarse cada jueves a las 3:30 de la tarde en la Plaza de Mayo, frente a la Casa de Gobierno, la Casa Rosada, en el corazón de Buenos Aires. Es ilegal reunirse en lugares públicos, así que ellas caminan en círculo en silencio, llevando un pañuelo blanco y sosteniendo fotos de sus familiares desaparecidos. En octubre de 1977 es fundada la Asociación de las Abuelas de Plaza de Mayo. Su misión es encontrar y reunir a alrededor de 500 niños desaparecidos con sus familias. Reciben amenazas de muerte y sufren insultos y ataques por parte de las Fuerzas Armadas, pero ninguna muere.

Para permanecer fuera del radar, se reúnen en lugares públicos, simulando estar esperando un colectivo o celebrando un cumpleaños, cuando de hecho están haciendo listas de desaparecidos, con nombres y fotos. Envían estas listas a organizaciones dentro y fuera de Argentina. También reúnen pruebas de que hay niños que siguen con vida. Escriben cartas a la Corte Suprema, que siempre las rechaza. La mayoría de los jueces se rehúsa a tomar casos de personas desaparecidas, pues también ellos temen molestar al régimen y exponerse a sí mismos y a sus familias al peligro. Los jueces que se atreven a hacerlo reciben amenazas de muerte.

El Día del Niño, 5 de agosto de 1978, uno de los periódicos más grandes de Buenos Aires se arriesga e imprime una carta al editor escrita por las abuelas, en la cual ellas solicitan a quienes han adoptado niños a que los devuelvan. La carta causa revuelo en Argentina y en el exterior. Como resultado, las abuelas reciben una pista anónima sobre un niño desaparecido. Para seguirla comienzan a trabajar como detectives. A veces irán al peluquero de la zona donde ha sido visto un niño desaparecido, por ejemplo, o se presentan a trabajar como empleadas domésticas para acercarse a cierta familia. En marzo de 1980 tienen éxito por primera vez al identificar a dos hermanas que son encontradas con una familia en Chile. La familia no tiene conocimiento de los pormenores de la adopción.

Habiendo encontrado a las dos hermanas, las abuelas enfrentaron otro desafío: no poder probar al juez que esas niñas realmente eran parientes de desaparecidos. Fotos y mechones de pelo no son suficientes, porque las cortes argentinas no están dispuestas a hacer pruebas genéticas. Esto fuerza a las abuelas a buscar ayuda de científicos internacionales, quienes les proporcionan las pruebas que necesitan.

La mayoría de las abuelas son católicas y cuentan con la Iglesia para que las apoye, pero son rechazadas por los obispos, quienes tienden a defender el sistema político. Incluso, el Papa Pablo VI jamás respondió a las cartas que le escribieron en 1978. Entonces cambian de táctica y deciden obtener mayor atención internacional, escribiendo 150 cartas a embajadas, periódicos, organizaciones y políticos. En público son llamadas Las Locas de Plaza de Mayo, pero a medida que consiguen mayor atención internacional se convierten en una espina en el costado del régimen, especialmente cuando son nominadas para el Premio Nobel de la Paz en 1980. [17]

A INICIOS de 1978, Mercedes recibe noticias devastadoras sobre su gran viejo amigo Jorge Cafrune, quien la presentó en el festival de Cosquín en 1965. Él había regresado a la Argentina luego de haber pasado un par de años en España realizando conciertos en todo el país. El gobierno le ha prohibido cantar la controvertida canción "Zamba de mi esperanza", la cual eliminó de su repertorio, pero también por esta fatal declaración: "Si mi gente me pide que la cante, voy a cantarla". Como consecuencia, el teniente coronel Carlos Enrique Villanueva ordenó su ejecución, y el 31 de enero es atropellado por una van conducida por dos chicos de 19 años. Muere a causa de sus heridas 12 horas más tarde.

Dos semanas después Mercedes enfrentará noticias aún más traumáticas, que afectarán su vida de manera permanente. Lo mejor que le había pasado era su relación con Pocho. Para este momento ya habían estado juntos durante 10 años. Había sido una década completa en los que trabajaron y viajaron a muchos países diferentes juntos. Mercedes jamás había tenido tanto amor en su vida. Con él a su lado se siente estable, fuerte y resistente en medio de toda esa agitación política.

Pero la profética línea de la canción en su éxito en Cosquín, "La noche está viniendo en medio de la tarde", está por cumplirse.

UN DÍA Pocho llega temprano a casa desde el trabajo y se va directamente a la cama porque tiene un tremendo dolor de cabeza. Los analgésicos no alivian el dolor. Sólo empeora, y pronto es hospitalizado. Los exámenes revelan que tiene un tumor cerebral. No hay nada que los cirujanos puedan hacer; es demasiado tarde. Todo sucede con gran rapidez. Muere el 22 de febrero de 1978, luego de sólo una semana en el hospital.

Mercedes aún no es capaz de procesar la noticia de la seriedad del tumor y se encuentra en estado de shock.

Pocho significaba todo para ella. ¿Por qué él? ¿Por qué tan repentinamente? Apenas tuvieron tiempo de despedirse. Mercedes sólo tiene 43 años de edad, y ya es viuda. Ha perdido a su mejor amigo, su esposo y su representante. Si no fuese por su hijo, Fabián, hubiera querido morir también. Pero Fabián ya es un adulto y muy compasivo durante esta época crucial. Se asegura de que ella tenga mucho trabajo, esperando que mantenerla ocupada alejará su mente de la pérdida sufrida y encontrará una forma de salir de su oscuridad.

A CORTO después de la muerte de Pocho, Mercedes es invitada a dar un concierto gratuito para estudiantes de veterinaria en la ciudad de La Plata, capital de la la Provincia de Buenos Aires. Mercedes ama a los estudiantes y su forma de desafiar al sistema. Los ve como el futuro y la esperanza de Argentina, y está encantada de apoyarlos.

La Universidad de La Plata es el semillero izquierdista del país y está bajo constante vigilancia por parte del régimen, algo que a Mercedes no le preocupa cuando sube al escenario. Lleva un hermoso poncho celeste y blanco, los colores de la bandera argentina. A medida que avanza el concierto, se deja llevar por la atmósfera del lugar y no se contiene. Desde el público los estudiantes le piden que cante "Cuando tenga la tierra", que trata sobre una nueva reforma agraria a favor de los campesinos que deben pagar renta a grandes terratenientes para usar la tierra que cultivan. La canción ha sido prohibida, pero Mercedes decide sucumbir ante su público. Cuando comienza, policías fuertemente armados y fuerzas militares irrumpen en la sala. Francotiradores apuntan sus armas hacia el escenario y hacia el público. Un joven policía salta al escenario y comienza a registrar a Mercedes, humillándola. Toca sus pechos, le coloca las esposas y la arresta frente a su público. Cuando termina, toma su mano y la besa mientras susurra, "Perdóneme, Doña Mercedes, pero me ordenaron hacer esto". [11]

Fabián saltó al escenario para ayudar a su madre, pero no hay nada que pueda hacer; él también es arrestado. Antes de que Mercedes comprenda lo que está sucediendo, ella y su banda han sido detenidos junto con todo el público, 350 estudiantes. Sobre la experiencia que está poniendo su vida y su carrera patas arriba, más tarde dirá:

"Recuerdo cuando me arrestaron frente a mi público. Estaba cantando en la universidad para los alumnos que estudiaban para ser veterinarios. Era su último año de estudios. No tenía nada que ver con la política. No tenía miedo. No puedes cantar si estás llena de miedo. Pero me sentí humillada e indefensa. No es posible cantar con un arma en la mano, y yo no voy a salir a matar a nadie. Preferiría que me maten antes que matar a alguien. Me doy cuenta de que probablemente era un poco inocente en aquella época. No pretendo decir que yo era una santa en mi actitud. Programar esos espectáculos era una forma para nosotros de oponernos a los juegos de la dictadura. No sé por qué creí que podría ganar una lucha como ésa en un país en el cual tanta gente ha sido asesinada, pero lo intenté. Si Pocho hubiese vivido, jamás me hubiera permitido dar ese concierto". [11]

Mercedes fue acusada inicialmente de desobediencia civil. Queda detenida mientras los militares la humillan haciéndole preguntas intimidatorias, amenazándola y forzándola a escuchar sus propias canciones. Pasa 18 horas en prisión y es liberada debido a la presión internacional y una fianza de 1000 dólares. Una vez que sale de la cárcel, sigue dando conciertos, y las entradas se agotan rápidamente, incluso aunque la gente se pone en riesgo por ir. Sus conciertos reciben amenazas anónimas de bombas y deben ser cancelados, pero ella sigue reacia a la idea de dejar el país. "No puedo vivir en otro lugar del mundo que no sea éste, y quienquiera que no le gusten mis canciones, puede irse", dijo. [4] Pero, eventualmente, el gobernador militar de Buenos Aires le prohibió realizar más presentaciones y Mercedes se dio cuenta de que no podría continuar su carrera en Argentina. Si quería sobrevivir y seguir cantando, debía huir del país. Por ello decidió escribir una carta a su buen amigo José, en París, quien le había rogado que fuera:

Querido José,

Con gran emoción recibí tu carta del 30 de octubre de 1978. Lo que me sucedió fue horrible. Qué desgracia. Luego de 18 horas fui liberada con mi hijo, Fabián. Iré a París en febrero. Necesito respirar y renunciar a estos resentimientos porque me harán un gran daño. Me quedaré todo lo posible. Me están acorralando aquí. Acabo de regresar del teatro. Algunas personas tienen palabras de apoyo, y otras se preguntan, "Esta idiota, ¿por qué se queda?". Como si fuese tan sencillo abandonar el pueblo de una. Su abrazo es lo que más extrañaré. [4]

Tuya, Mercedes.

En teoría, Mercedes podía entrar y salir de Argentina libremente, pues no estaba imputada en ninguna causa, pero seguía sin tener permiso para cantar, que para ella era un gran castigo. Perseguida e incapaz de ganarse la vida, ve el exilio autoimpuesto como la única solución y decide irse a Francia. Parece ser la única forma real de huir de la oscuridad que ha ido envolviéndola. Desde la muerte de Pocho había tenido algunos impulsos suicidas. El exilio no sólo es escapar de la persecución política; también es escapar de sus propios demonios. Quizás pueda encontrar la forma de superar el dolor que la desgarra cuando no está cantando.

Mercedes tocando el tambor tradicional argentino, el bombo legüero.

Exilio

EL 2 DE FEBRERO de 1979 Mercedes partió rumbo a Europa con sólo un par de maletas de pertenencias. Fabián viajó con ella para ayudarla a instalarse. Primero volaron a París, donde se encontraron con su representante francés, Pierre Fatón, pero pronto descubrió lo difícil que es representarse a sí misma sin hablar francés. Eso la dejaba indefensa, y concluyó en que sería más fácil para ella instalarse en España, donde ya había aceptado varias invitaciones para actuar. Por lo tanto, decidió mudarse a Madrid, donde compró una casa de cinco habitaciones con el dinero que había ganado durante un tour maratónico de ocho conciertos en Brasil. Esperaba que tener un lugar propio la haría sentir más cómoda y más en casa, pero cuando Fabián regresó a Argentina y Mercedes quedó por su cuenta, se dio cuenta de lo difícil que es estar sólo en otro continente sin nadie cercano en quien apoyarse. Las personas más significativas de su vida solían ser su familia. Sin ellos, sentía la soledad de una forma que jamás había sentido antes. "El exilio es un castigo, el peor tipo de castigo. Mi hijo me ayudó a ir a Madrid vía Francia y me ayudó a comprar una casa. El día que partió hacia Argentina, me quedé sola, completamente sola. El peor tipo de soledad que puedas imaginar. He experimentado la soledad de cerca", dijo. Más adelante añadió: "El exilio tiene miedo de todo. Es angustia permanente. Los griegos solían decir que el mayor castigo para un ser humano es el exilio. Es necesario aprender nuevas costumbres, comer nuevos alimentos, esperar cartas que no llegan y aferrarte a ti misma para no volverte loca".[19]

En Madrid está rodeada de gente la mayor parte del tiempo. A pesar de ello, aún siente como si parte de ella hubiese sido amputada, especialmente cuando regresa por la noche y se encuentra en su gran casa vacía. Entonces toma la botella de whisky del estante de la sala y comienza a beber. Luego de unas siete copas, se siente mejor, pero el alivio es muy breve.

Mantiene este hábito durante un par de meses antes de admitir sus efectos enfermizos en ella y decidir detenerse. Mercedes logra autocontrolarse y jamás vuelve a tocar el whisky. Durante el resto de su vida, sólo pide una copa de vino cuando cena afuera.

También prueba fumar hachís. La primera vez sucede por accidente, porque ella no sabe lo que le han ofrecido hasta más tarde. Le gusta, y prueba por segunda vez, pero una vez más se detiene, de manera que no se vuelve adicta.[2] "Las adicciones son peores que la prisión", dijo después. "Me pongo triste cuando veo personas arruinadas por las drogas". Debía haber una manera mejor de sobreponerse a la soledad que no fuera el alcohol o las drogas, y ella confía en su buen amigo, el Dr. Juan-David Nasio, quien ejercía la psiquiatría en Francia. Él le explicó que esa soledad a menudo se incrementa por la popularidad, porque una celebridad que es amada por muchos no puede compartir sus problemas privados con el público. Mercedes anhela la conexión con personas. Jamás simuló ser otra cosa que ella misma, pero reconoce que esa soledad probablemente será su compañera a lo largo de su vida. Necesita encontrar una manera de vencerla. Debe hacer amigos para ello, aunque eso no suceda de la noche a la mañana. Pero algo sí sucede.

UNA MAÑANA se despierta y descubre que su voz casi ha desaparecido; apenas puede susurrar. No se ha resfriado, y teme que sea algo serio. Corre directamente a ver a un especialista, quien la examina cuidadosamente. Es un raro fenómeno y no puede detectar la fuente, pero sugiere que el estrés al que ha estado expuesta ha elevado su nivel de ácido gástrico.[20] Le aconseja usar antiácidos para evitar que el ácido gástrico afecte sus cuerdas vocales. También le dice que proteja su voz y no la fuerce. Todo lo que puede hacer es esperar y desear una recuperación. Cancela sus compromisos por venir, lo que le da mucho tiempo para reflexionar. Si no es un problema físico, ¿qué, entonces? ¿Podrá ser psicosomático? ¿Su voz externa está reaccionando al dolor de haber perdido el poder de su voz en Argentina?

Ahora que está forzada a bajar la velocidad un poco, presta mayor atención a su voz interior. Comprende que se ha enfermado por haber evitado enfrentar sus dolorosos recuerdos. La negación ha sido un mecanismo de defensa que la protegía de enfrentar el dolor.

"Era un problema mental, un problema de ánimo. No se trataba de mi garganta, ni de nada físico. Cuando estás en el exilio, te llevas tu maleta, pero hay cosas que no caben. Hay cosas en tu mente, como colores y olores y actitudes de la infancia, y también está el dolor de la muerte que has visto.

No deberías negar esas cosas porque hacerlo te hace enfermar". [11]

En una entrevista para la grabación de *Cantora* en 2009, ella se explayó sobre que su médico personal años después le explicó que había sufrido de una depresión enmascarada, [3] una condición en la que los síntomas físicos de la depresión están presentes, pero no los psicológicos.

DURANTE SU exilio se ve forzada también a superar su pánico escénico. Aunque ya no se queda paralizada como un tótem frente a su público como hacía al inicio de su carrera, prefiere cantar con sus ojos cerrados como forma de superarlo. "Mi timidez es tan fuerte que de verdad me causa dolor de panza, porque tengo que pararme en el escenario y simular tener confianza, que no la tengo", [4] reveló.

Repetidamente actúa para públicos de habla no hispana. Para captar su atención, debe mirarlos para mantener el contacto. Eso la fuerza a cambiar su estilo de actuación. En lugar de dejar que el miedo limite su carrera, sale de su zona de confort y se entrena para mirar directamente al público, a pesar de lo que su inseguridad le susurra. Interactuar con la gente en lugar de aislarse de ellos la convierte en una artista mucho más poderosa.

Su estadía en Europa le dio la oportunidad de expandir sus horizontes musicales y ampliar su carrera. En 1988, en una entrevista con Larry Rohter en The *New York Times*, dijo que el exilio se convirtió en todo un hito en su carrera. "El distanciarme de mi patria y arrancarme de mis raíces me forzó a hacer mi repertorio más internacional. Antes, siempre estaba atada a nuestros ritmos y nuestras canciones. No hubiera sido capaz de hacer las cosas que hago ahora, grabar con grupos de jazz y orquestas, si no hubiera abierto un camino para mí fuera de Argentina. Por amarga que haya sido la experiencia del exilio, me hizo crecer y madurar como artista, porque me abrió nuevos horizontes". [11]

Llegan invitaciones de toda Europa, y todo el público europeo queda cautivado por la pequeña mujer con una impresionante voz y encantadora personalidad. A menudo actúa vistiendo su poncho negro y rojo, enfatizando su identificación con sus raíces indias. Lleva consigo su gran tambor tradicional argentino, el bombo legüero, el cual está hecho de madera y piel de oveja o cabra, el cual toca enérgicamente. Le gusta usar el bombo porque tiene el resonante sonido de un latido, que es importante para su música.

Siempre canta "Gracias a la vida" y "Sólo le pido a Dios", un himno mundial de la paz escrito en 1978 por el aclamado cantautor León Gieco. Es parte permanente de su programa durante el exilio y recibe sus más grandes ovaciones cada vez que la canta. Quiere que León vea la impresión que su canción tiene en la gente, y decide llamarlo. León recuerda que ella le dijo: "Hola, nene. Estoy en Frankfurt. Tomate un avión mañana y veni". [3]

León apareció en su siguiente concierto. Mercedes lo arrastró al escenario, donde él tocó su guitarra y su armónica, cantando a coro con ella. El público explotó en aplausos. Durante un breve momento, en compañía de León, Mercedes no se sintió sola.

EN 1979, su carrera alcanza otro nivel. Participa en el primer concierto de Amnistía Internacional en Londres, y también recibe una invitación para actuar en el Royal Festival Hall. Veinte años después estará de pie en el mismo escenario mientras el dictador chileno, el general Augusto Pinochet, bajo arresto domiciliario en Londres, es sentenciado por sus crímenes contra el pueblo chileno. Uno de los momentos más emotivos en la vida de Mercedes fue en ese escenario, en octubre de 1999, cuando, con la voz ahogada por el llanto, gritó a su público: "No puedo creer estar en Londres cantando estas canciones con Pinochet bajo arresto domiciliario". [21] Entonces procedió a cantar la versión más emotiva hasta ese momento de "Todo cambia".

Durante los tres años que pasó en el exilio, Mercedes se convirtió en una de las cantantes internacionales más reconocidas, pues a menudo viajó fuera de Europa. Recibió invitaciones de Israel, Canadá, Colombia y Brasil. Tanto Colombia como Brasil le ofrecieron la ciudadanía permanente, pero su amor por Argentina le impidió aceptarla. Cada vez que está en un aeropuerto y ve un avión de Aerolíneas Argentinas, tiene que mirar hacia otro lado para contener las lágrimas. [7] Que le recuerden su patria la hace "sangrar un volcán", como dice la metáfora de la canción "País". Su amor por su país natal crece sustancialmente durante la separación. Como diría Mercedes sobre la canción "Serenata para la tierra de uno": "Me conmovió profundamente la canción 'Serenata para la tierra de uno', porque pone en palabras el dolor de estar lejos del hogar. Tuve de dejar mi país. Pero cuanto más lejos del hogar estás, más cerca de tu corazón lo llevas". [22] Usa consistentemente su nueva plataforma europea, sus conciertos y todas las entrevistas relacionadas para atraer atención a las violaciones a los Derechos Humanos en muchas partes de América Latina. Su lucha contra la tiranía y la opresión no ha terminado.

Pasa tres años en el exilio, pero se siente desesperada e impaciente por regresar. Consecuentemente, decide regresar a Argentina, incluso aunque el régimen aún está en el poder y no tiene ninguna garantía de que la dejarán entrar. Su corazón se acelera y sus ojos luchan por contener las lágrimas cuando sube a la aeronave a Buenos Aires en febrero de 1982. Pero tiene esperanzas y espera impaciente ver a su familia y amigos. Cuando el avión despega, deja escapar años de nostalgia contenida en silenciosas lágrimas.

Mercedes apenas logra dormir durante el largo viaje. Los pensamientos giran a toda velocidad en su cabeza; imágenes de los últimos tres años siguen surgiendo. Recuerda todos los diferentes aeropuertos en los que ha estado. Piensa en las nuevas amistades que ha hecho y cómo todos los cambios inesperados de su vida la hicieron avanzar, le exigieron que se desarrollase, no sólo como artista, sino también como persona. Reluctantemente admite que el exilio, por duro que haya sido, se convirtió en un regalo disfrazado. Estas ideas la calman por un rato, pero cuando el avión se dispone a aterrizar, comienza a preocuparse sobre qué sucederá cuando salga. ¿Dónde irá si no la dejan quedarse en el país? Y sus compatriotas, ¿la recordarán aún? Su música ha seguido estando prohibida mientras estuvo afuera.

Se siente en casa en cuanto sale y siente el cálido aire veraniego tocando la piel de su rostro. Se mueve lentamente hacia el control de pasaportes. El oficial de policía en el mostrador la reconoce inmediatamente y se toma su tiempo mirando su pasaporte y todos sus sellos europeos. La mira con expresión arrogante mientras le dice que no tiene permitido entrar al país. Estando tan cerca de casa, Mercedes decide no dejarse pisotear. Reúne toda la dignidad y autoridad que puede y responde: "Soy ciudadana de este país, y tengo derecho a entrar". [3] El oficial, visiblemente sorprendido por la confianza con que ella habla, simplemente sella su pasaporte y la deja pasar. Mercedes sabe que no pasará mucho tiempo antes de que la noticia de su llegada llegue a oídos del régimen y sea puesta bajo vigilancia una vez más, pero todo lo que puede pensar ahora es en llegar a la zona de arribos. Todo lo que desea es ver a su familia nuevamente.

Cuando sale del aeropuerto, Mercedes recibe la sorpresa de su vida. La gente se ha reunido a lo largo del camino agitando pancartas que dicen: "Bienvenida a tu país, querida Negra". [23] El auto avanza lentamente por las calles, y una procesión de jinetes con ropas de gaucho, la vestimenta tradicional usada por la gente de campo en Argentina, sigue al auto. Cuando la procesión llega al centro de la ciudad de Buenos Aires, la gente se arremolina alrededor del auto, que apenas puede avanzar. Mercedes sonríe y saluda con la mano a través de la ventanilla cerrada mientras fotógrafos con sus enormes lentes preservan el momento. Todas sus preocupaciones sobre si alguien la recordaría quedan atrás. Su pueblo la recibe como a una heroína nacional.

Mercedes sabe que semejante bienvenida conlleva una tremenda responsabilidad. No puede decepcionar a su pueblo; aún la necesitan. Los militares siguen en el poder; la Guerra Sucia no ha terminado. La mano de hierro de los generales puede haber aflojado, pero aún tienen el control. La voz de Mercedes, emergiendo del silencio, debe ser más fuerte que nunca.

"Echarme fue un gran error, porque dejaron suelta por el mundo a una artista famosa, y en Europa la prensa ya estaba contra ellos. Luego fue también un error dejarme regresar cuando aún estaban en el poder. Es así como son, arrogantes. Regresar fue una forma para mí de volver a sentirme fuerte y segura otra vez".[4]

Habiéndose convertido en un símbolo de la democracia en la mente de la gente, sus canciones van a ser más convincentes y poderosas que nunca antes. Está decidida a usar una vez más su música en nombre de quienes sufren pobreza e injusticias. Mercedes quiere ganar su título de La Voz de los Sin Voz. Jamás volverá a ser silenciada por el miedo:

"*Si se calla el cantor calla la vida*
Porque la vida, la vida misma es todo un canto
Si se calla el cantor, muere de espanto
La esperanza, la luz y la alegría"
"*Si se calla el cantor*", *de Horacio Guarany*

Época posterior al exilio

POCO DESPUÉS DE su regreso a casa, Mercedes planea realizar 13 conciertos en siete días en el Teatro Colón de Buenos Aires. Cree que la atención internacional que provoca evitará que los militares le hagan daño, pues quieren evitar llamar la atención en el exterior. Aun así, hay riesgos, si no para ella, para los fans que vayan al teatro, cuyas entradas se han agotado. La policía estará presente, Mercedes lo sabe. Como admitió más tarde, "fue en 1982, justo antes de la guerra de Malvinas. Era un poco loco, pero planifiqué 13 conciertos en siete días. En aquel momento, los militares aún estaban en el poder y todos sabían lo que podría pasar".[2]

El 17 de febrero, el día antes de actuar en un escenario en Argentina por primera vez en tres años, Mercedes tiene un conflicto interno. Algo que ha mantenido apartado sigue apareciendo cada vez que se mira en el espejo. La persona que la mira desde allí es una extraña, alguien que le resulta difícil aceptar. ¿Qué le pasó a la delgada y atlética joven que alguna vez fue? Mercedes ha estado ocultando su peso de sí misma y de otros vistiendo ponchos, pero eso ya no será suficiente y le preocupa la reacción de su público. Sabe qué atrae a la gente: debes ser rubia, alta, de ojos azules, e indudablemente sin rasgos indios. Mercedes es exactamente lo opuesto. Es pequeña, con sobrepeso, morena y de rasgos indudablemente indígenas. Su confianza habitual es reemplazada por un sentimiento temporal de inferioridad, sintiéndose insegura sobre cómo le responderá su público. Admite para sí misma que es bastante paradójico que, por un lado, esté lista a luchar contra el régimen arriesgando su vida, y por el otro le preocupe lo que la gente piense sobre su apariencia. Le recuerda que, a pesar de ser admirada y un modelo a seguir para muchos, es sólo un ser humano como cualquier otro y no debe esperar ser infalible. "Soy un montón de cosas santas, mezcladas con cosas humanas, cómo te explico... Cosas mundanas".

Su problema de peso la seguirá por el resto de su vida, pero la ansiedad sobre la reacción de su público pronto desaparece. Justo antes de entrar en el teatro el 18 de febrero de 1982, la atmósfera está electrizada por el entusiasmo. La gente vitorea, grita y aplaude incluso antes de que ella tome el micrófono. A propósito, se queda de pie delante de la multitud, cierra sus ojos, hace una profunda inspiración y asimila el momento. Durante casi un minuto sólo está allí de pie en un silencio contemplativo antes de arrancar con la simbólica canción "Como la cigarra". Fuerte y claro, proclama que está de regreso; todavía sigue en pie y cantando.

El público está extasiado. Luego de las primeras impresionantes estrofas, es obvio que están frente a un genio musical. Con su pareja voz de contralto −sonora, persuasiva, cargada de emoción y apasionada− lanza un hechizo sobre sus oyentes. Es, indudablemente, una artista más contundente de lo que solía ser. Si la respuesta del público es una expresión de la voluntad popular por un cambio, los generales tienen todas las razones para estar temblando. Mercedes parece ser capaz de comenzar una revolución sólo con su voz. Está plantando las semillas de la libertad y la justicia en la mente de sus oyentes, no sólo con sus canciones, sino con su ejemplo de valentía también. Todo su miedo y dolor acumulados por vivir perseguida encuentra un idioma cuando canta. Como ella ya ha dicho: "En mi voz no cantas tú ni yo, sino América Latina". [24]

En uno de los 13 conciertos, Mercedes decide cantar "La carta", de Violeta Parra, una canción prohibida que describe las condiciones del pueblo en Chile. En cuanto comienza, un gran número de policías se levantan y le ordenan que se detenga, ante los gritos de quienes asisten al concierto. La policía advierte que enviarán a todos a casa si vuelve a cantar esa canción. Más tarde, el organizador del concierto y Fabián llegan hasta ella, sus rostros pálidos de preocupación, y le ruegan que saque la canción de su repertorio. [2]

Lo más destacado de los 13 conciertos es grabado y lanzado con el título de *En vivo en Argentina* y vende cientos de miles de copias. Un crítico de *Esquire* describe el álbum así:

"Su voz es un golpe casi mortal. Es suave, profunda y cautivante. Y emociona como lo hizo con los miles de compatriotas que la adoran, que pueden escucharse estallar en aplausos".

Luego de terminar, Mercedes es obligada por los generales a regresar a España, donde sigue teniendo su casa, pero para mediados de año vuelve a viajar a América Latina definitivamente y presenta su nueva grabación, *Gente humilde*.

Durante los primeros cinco años de la dictadura, la clase trabajadora había estado dormida, pero el regreso de Mercedes a Argentina elevó sus esperanzas de que la democracia aún era posible. En abril de 1982, dos meses después de su serie de conciertos, el país padece una crisis económica devastadora que desencadena una resistencia civil contra los militares. Los generales deciden demostrar su poder reclamando la soberanía sobre las Islas Malvinas, que han estado bajo el dominio de Gran Bretaña durante 150 años. Al invadir las islas, esperan distraer la atención de la crisis económica y volver a ganar el favor del público, ganando. Las primeras tropas argentinas llegan a las Islas Malvinas el 2 de abril de 1982, luego del fracaso de las negociaciones sobre la soberanía entre Gran Bretaña y Argentina. Resulta ser una decisión fatal. Margaret Thatcher también necesita ganar una guerra y contraataca de una forma que los generales jamás esperaron. Tampoco tienen el respaldo de Ronald Reagan que habían previsto. Por el contrario, Reagan impone sanciones económicas contra la Argentina y equipa a los británicos con toda la tecnología que necesitan para rastrear los movimientos de las tropas argentinas. [24] El 14 de julio los argentinos se rinden, y la guerra termina oficialmente al día siguiente.

La inesperada derrota en la guerra es el golpe final al régimen. Para este momento, la verdad acerca de su implicación en los secuestros y desapariciones ha sido expuesta al público. Mucha gente ha tomado coraje para revelar sus trágicas historias, las cuales causan oleadas de protestas de parte de la población civil contra el gobierno. En octubre de 1982, grupos de Derechos Humanos organizan una Marcha por la Vida. Más de 10,000 personas se presentan, a pesar de la prohibición del gobierno. En abril de 1983, previendo su caída, la junta publica un documento en el cual defienden su accionar en la guerra contra rebeldes y terroristas. Es un documento que distorsiona siete años de historia y desencadena gran indignación a nivel nacional e internacional. Otra demostración sucede en julio de 1983, esta vez con la asistencia de más de 50,000 personas.

EL RÉGIMEN militar argentino pronto será enviado al basurero de la historia. Cincuenta mil personas se han reunido en el estadio de Ferrocarril Oeste en Buenos Aires para celebrar el regreso de la democracia. Mercedes está emocionada. Conquista el escenario con una presencia imponente que cautiva al público. Es una cálida tarde de verano. Algunos hombres se han quitado las camisetas y las usan como estandartes. Los hombres bailan con niños y novias en sus espaldas o en sus hombros. El público irradia euforia. Saltan, bailan y aplauden con sus manos sobre la cabeza. Mercedes jamás ha actuado para una multitud tan grande y tiene la sensación de que este concierto va a pasar a la historia. Antes de abrir la boca para cantar, se queda de pie frente al público durante un largo tiempo, mirándolos con ternura mientras recibe su homenaje. Una agradable brisa de verano juega con su cabello y se da cuenta de que la pesadilla ha terminado. Entonces comienza a cantar "Guitarra enlunarada" y, como un eco, la multitud ruge hacia ella gritando: "Libertad, libertad, libertad".[25]

A continuación de la primera canción, presenta a su banda de cuatro integrantes, los mismos músicos que usaba antes de su exilio y que se han vuelto como familia para ella: Nicolás Brizuela en guitarra, Gustavo Spatocco en teclados, Rubén Lobo en batería y Carlos Genoni en bajo; los cuatro en la actualidad son eminentes artistas ellos mismos.

Mercedes ha extendido su repertorio para incluir un par de canciones de rock, y una de las grandes sorpresas que tiene para su público es que ha invitado a Charly García, la más grande estrella del rock en el mundo de habla hispana. Charly ingresa al escenario por una entrada lateral y pasa frente a la banda caminando hacia Mercedes, quien estira sus brazos para abrazarlo. Una vez abrazado y besado, se sienta al piano y comienza a tocar la canción "Inconsciente colectivo". Charly es un genio musical que comenzó a componer en el piano cuando tenía sólo tres años de edad. A los 12 era un profesor de música calificado. Durante la dictadura se hizo conocido por mantenerse cerca de la línea sin sobrepasarla, escribiendo letras ambiguas, y se las arregló para que sus canciones no fuesen prohibidas. El texto de "Encuentro con el diablo", por ejemplo, se refiere al Ministro de Seguridad, Albano Harguindeguy, quien ordenó que todos los artistas críticos dejaran el país o dejaran de lado sus críticas acerca de las condiciones políticas.

El concierto llega a su clímax cuando Mercedes comienza a cantar "Todo cambia". Sostiene el micrófono dirigido hacia el público, que canta en respuesta a cada estribillo, "cambia, todo cambia". Todo cambia, excepto el amor por el país de uno:

Lo que cambió ayer

Tendrá que cambiar mañana
Así como cambio yo
En esta tierra lejana

Pero no cambia mi amor
Por más lejos que me encuentre
Ni el recuerdo ni el dolor
De mi pueblo y de mi gente

"*Todo Cambia*", de Julio Numhauser Navarro

La emotiva canción llega a su apogeo cuando Mercedes se saca su larga bufanda y comienza a bailar. Revoleando la bufanda sobre su cabeza, se mueve por el escenario con agilidad y gracia, y su rostro está radiante cuando mira directamente al público. Sin duda, la que ha regresado del exilio es una persona mucho más extrovertida. Es extraordinariamente expresiva y actúa sus canciones con gestos vívidos; incluso su voz ha cambiado, haciéndose más profunda y rica cuando susurra una canción de amor, más dinámica cuando llama a la batalla. Mercedes describe su cambio y qué lo causó:

"Mi canto solía ser muy introvertido. Ahora es un canto que sale de mí. Cuando una artista encuentra oposición, su poder crece, y ¿qué hace el artista? Crece. La música debe evolucionar, así que también debe hacerlo el artista". [2]

Durante todo el concierto ella es como un volcán derramando amor hacia la gente, que continuamente se lo devuelve. Un hombre en la primera fila arroja su sudado gorro de trabajador hacia ella en el escenario. Ella lo toma, lo sostiene entre sus manos antes de besarlo suavemente y devolvérselo. Otra persona le pasa una rosa de largo tallo, que ella recibe con una mirada amorosa diciendo "Gracias". Esta comunicación entre Mercedes y su público sucede sin que ella deje de cantar. Su personalidad altruista es espectacular, y es impresionante la cantidad de abrazos que da en el escenario. Cuando sus compañeros artistas se unen a ella, se levanta y abre los brazos para abrazarlos en cuanto los ve. Muy a menudo pasa su brazo por la espalda de quien cante junto a ella a dúo. Sus músicos también reciben palmadas en la cabeza o los hombros cuando pasa junto a ellos. Todo el concierto muestra que ella "canta para la gente porque los ama", como siempre señala. [25]

Simbólicamente, termina el concierto con la canción que una vez hizo que la arrestaran: "Cuando tenga la tierra". Esta vez nadie va a detenerla. Con su brazo estirado y el puño cerrado, grita: "¡Campesino!". Alguien arroja la bandera argentina desde la tribuna, y Mercedes la atrapa decididamente y la agita sobre su cabeza mientras el público festeja.

El concierto marca el turno de la democracia. Para fines de 1983, un álbum, además de una película grabada en el concierto, son lanzados con el nombre *Como un pájaro libre*.

LA PRIMERA elección democrática luego de la caída de la junta es ganada por Raúl Alfonsín, del partido Radical, con un 51 por ciento de los votos. Alfonsín se ha opuesto durante mucho tiempo a Juan Perón y la dictadura militar, y en su campaña electoral prometió no transigir con los Derechos Humanos. También prometió derogar la Ley de Pacificación Nacional —una ley que la Junta Militar había hecho para otorgar una amnistía al personal militar por sus crímenes. Mercedes no da por sentada la democracia y está ansiosa por apoyarla. Por ello, le da todo su respaldo a Raúl Alfonsín y lo apoya con su presencia en eventos públicos. "Sería una traición a todo lo que creo y represento mantenerme alejada de lo que está sucediendo. Ahora tenemos democracia, una democracia que aún es frágil y angustiosa, pero afortunadamente existe. Es un gran ejercicio en el cual todos nosotros, seamos artistas o militares, debemos colaborar si queremos mantener esta democracia de pie y caminando",[25] dijo.

El 10 de diciembre de 1983 Alfonsín es investido como nuevo presidente, y lo primero que hace es derogar las leyes de pacificación, exactamente como había prometido. Designa la Comisión Nacional sobre la Desaparición de Personas (CONADEP) para investigar todos los casos de argentinos desaparecidos y para presentar cargos contra los culpables. Luego de nueve meses, la comisión publica un informe de 15,000 páginas en base a la declaración de testigos. El informe es llamado *Nunca Más* y se venden 200,000 copias en unas pocas semanas. Se estima que aproximadamente 9,000 personas han desaparecido, pero en realidad el número está probablemente más cerca de los 30,000, porque muchos de los secuestros jamás fueron informados.[17]

Alfonsín lleva a nueve oficiales de alto rango de las tres juntas militares frente a cortes militares. Éste es un gran error. Los juicios se convierten en una farsa, pues las cortes militares no desean llevar a juicio a sus congéneres. Como resultado, en abril de 1985 los acusados son llevados frente a cortes civiles. Esta vez son acusados de 711 cargos de asesinato, detención ilegal, tortura, violación y robo. Cinco de los nueve generales son sentenciados a prisión, por plazos que van desde cuatro años y medio a de por vida. El veredicto lleva a un incremento de la tensión entre el gobierno y los militares, y miembros de la CONADEP son expuestos a amenazas de bombas en sus hogares y oficinas por simpatizantes de la dictadura.[17]

Con el fin de poner coto a las amenazas de los militares, Alfonsín promulga una ley el 24 de diciembre de 1986, llamada *Punto Final*. La ley otorga a los fiscales 60 días para realizar las acusaciones, luego de los cuales se considerará una etapa cerrada y nadie podrá llevar nuevos cargos a la corte. Cientos de oficiales son llevados a juicio durante este período, y las amenazas militares contra el gobierno se incrementan. La gente se manifiesta en las calles apoyando al gobierno democráticamente elegido. Pero Alfonsín más tarde debe dejar el cargo debido a los problemas económicos y la hiperinflación. Esto abre camino al peronista Carlos Menem, quien ganó la siguiente elección adelantada con el 47 por ciento de los votos en mayo de 1989. En esta campaña electoral promete mejorar las condiciones de la clase trabajadora, pero durante su presidencia hace exactamente lo opuesto: redujo los paquetes de ayuda a los pobres. También otorga una amnistía a muchos de los criminales convictos encarcelados por Raúl Alfonsín. Incluso Isabel Perón es liberada y absuelta. Había estado bajo arresto domiciliario durante cinco años por desaparición forzada y crímenes relacionados con la firma del decreto del 6 de octubre de 1975 llamando a las Fuerzas Armadas a "aniquilar a los elementos subversivos" durante su presidencia.

El pueblo argentino se siente defraudado una vez más. Quieren que la verdad sobre la dictadura sea revelada, pero en lugar de ello la agresión, amenazas y persecuciones de periodistas críticos bajo la presidencia de Menem se intensifica. El 11 de noviembre de 1993 desaparece el primer periodista durante la democracia, Mario Bonino, mientras distribuye volantes informando al público sobre ataques a periodistas. Unos pocos días después su cuerpo es encontrado en un río, pero no se encuentra al responsable. Como miles de argentinos se reúnen para protestar en la Plaza de Mayo, Mercedes Sosa muestra su apoyo subiendo al escenario para cantar "Honrar la vida".

LAS ABUELAS de Plaza de Mayo continúan la búsqueda de sus nietos desaparecidos luego que la Guerra Sucia terminó. Cuando en 1983 la CONADEP ordena la excavación de cientos de fosas comunes, reaccionan ante la forma poco profesional en que esto es realizado por los científicos argentinos. Los huesos son apilados al azar junto a las fosas abiertas, haciendo que el análisis genético y la identificación sea imposible. Apresuradamente organizan una reunión con la CONADEP y los instan a cooperar con los científicos de la Asociación Americana para el Avance de la Ciencia, que envía una delegación de científicos forenses para ayudar en las exhumaciones.

En 1986 se reúnen con el presidente Alfonsín, quien acepta crear un banco de datos genéticos que pueda ser usado por los familiares de niños desaparecidos hasta 2050. Concurrentemente implementa una nueva ley implica que los padres adoptivos que se rehúsen a ser examinados serán considerados co-conspiradores en el secuestro. Por primera vez en la historia, la ciencia forense es usada para una causa humanitaria. En base a los análisis de ADN de los abuelos, niños desaparecidos pueden obtener evidencia empírica y rastrear a sus familias originales con un 99.9 por ciento de certeza.

La mayoría de las abuelas son simplemente amas de casa que rara vez dejan su hogar sin sus esposos. Pero se transforman a sí mismas a través de sus pérdidas personales, establecen el Banco Nacional de Datos Genéticos, e influyen en la legislación internacional de adopción ayudando a formular el contenido de la Convención de los Derechos del Niño de las Naciones Unidas, la cual es ratificada por 191 países. Otorga a los niños adoptados el derecho de saber que son adoptados y les da acceso total a sus registros al cumplir los 18 años. Las Abuelas de Plaza de Mayo han hecho posible para niños adoptados de todo el mundo llegar a conocer sus raíces y su verdadera identidad. [17] Para diciembre de 2017, 127 niños apropiados por la Junta se han reunido con sus familias. [26]

Mercedes respeta el trabajo de las abuelas y sigue apoyándolas. Comprende la importancia de conocer las propias raíces y su propia historia. [28] Es más, los logros de las abuelas confirman su convicción de que "es importante reaccionar a este mundo y no dejar a los demás y a los políticos el hacer del mundo un lugar mejor para todos. Creo que es un enorme error creer que el gran cambio vendrá de parte de partidos políticos. No, debe venir de cada uno de nosotros".

En 1991, Mercedes dedica un concierto homenaje en el Estadio de Ferrocarril Oeste a las Abuelas de Plaza de Mayo. [28]

MERCEDES HA ganado buen dinero a lo largo de los años, y jamás volverá a experimentar la pobreza que experimentó en su niñez o como joven artista. No volverá a faltarle nada durante el resto de su vida, ni tampoco a su familia. Puede permitirse comprar un lugar lujoso para sí misma, pero prefiere vivir en su gran departamento en la Avenida 9 de Julio, frente al magnífico edificio de la Embajada Francesa, en el centro de Buenos Aires. Hay poco de pretencioso sobre su estilo de vida; hacerse rica no la convierte en superficial. "No me importa nada tener un avión o una piscina. Sólo quiero vivir en paz",[28] dijo.

Su visión de la inequidad en la sociedad tampoco cambia. Sigue sosteniendo que todos deben tener un hogar con una cama para dormir y un trabajo para mantenerse. "Tengo el sueño de que cada persona tenga comida para comer, ropa para vestir y una casa en la que vivir. Este sufrimiento debe terminar, y que el trabajador pueda estar orgulloso de su trabajo y orgulloso de ser un trabajador. La forma más compasiva de ayudar a los pobres es darles un trabajo para que puedan mantenerse por sí mismos",[2] dijo. Con sus ganancias financia a inmigrantes de Perú, Bolivia y Paraguay que viven ilegalmente en una zona de Buenos Aires llamada Bajo Flores. Dona dinero para un nuevo transmisor para su pequeña estación de radio, que transmite directamente para los inmigrantes, y también financia su comedor comunitario. Consigue tela y máquinas de coser para algunas mujeres del Bajo Flores e invierte en una fábrica de ravioles.[2] Su enfoque práctico es recompensado. En 1992 es declarada ciudadana de honor de Buenos Aires por su compromiso social.[13]

ASÍ COMO su compasión por los pobres no ha cambiado, tampoco lo ha hecho su afecto por los pueblos originarios. Incluso habiendo recibido invitaciones para actuar en los lugares más prestigiosos del mundo, hay una voz dentro de ella que le recuerda sus raíces indias. Quiere llegar a los pueblos originarios que pudieran no saber quién es ella, o que no pueden permitirse ir a sus conciertos. Siente que hasta no hacer esa conexión, algo importante le falta.

Un día es entrevistada por un periodista que le dice que ha estado en contacto con algunos de los pueblos originarios argentinos y les ha preguntado si conocen a Mercedes Sosa. Ellos respondieron, "Jamás conocimos a Mercedes Sosa, pero conocemos sus canciones y sabemos que es una de las nuestras".[2] Este comentario la pone orgullosa y la alienta a realizar una gira de conciertos por las zonas más remotas de Argentina y actuar gratuitamente para hacer contacto con los pueblos originarios.

La gira la lleva primero a Bolivia, luego a La Quiaca y Jujuy, en el noroeste de Argentina, 300 kilómetros al norte de su ciudad natal, San Miguel de Tucumán.[27] En esta parte del país la mayoría de la gente ya la conoce y le dan un recibimiento especialmente cálido. En una estación petrolera en las afueras de la ciudad, un grupo de niños reconoce el ómnibus de la gira y corren hacia él. Al ver a Mercedes la rodean con sus brazos y la besan. "Estoy muy agradecida por el amor del pueblo. Incluso los niños que no comprenden lo que canto me aman",[25] comenta al recordar la experiencia.

A veces hace una parada en un pequeño pueblo en el camino para descansar, encontrarse con la gente y echar un vistazo. Mercedes se siente como en casa cuando da un paseo por las estrechas callejuelas, entre sencillas casas blanqueadas. Vistiendo su poncho y con su cabello atado en una cola de caballo, se mezcla bien con los lugareños. Algunos adultos vienen a recibirla y besarla. Tímidos niños de cara roja y escaso cabello la siguen curiosos dondequiera que vaya. A veces se sienta de pronto en un escalón de piedra con su bombo y comienza a cantar la canción de cuna "Duerme Negrito".[25]

A través de todo el norte de Argentina hasta la Patagonia, viajan más de 4,000 kilómetros antes de llegar a la ciudad más austral del mundo, Ushuaia. En esta fría y ventosa localidad cercana al círculo polar termina la gira entreteniendo y haciendo migas con los fueguinos, el pueblo originario de Tierra del Fuego, que viven en la mayor pobreza que ella haya visto durante toda la gira. Una vez más, son los niños quienes reciben la atención de Mercedes. Y cuando ve cómo se han inventado sus propios juguetes y usan cajas viejas como trineos para bajar las colinas, le recuerdan a su propia infancia y cómo solía jugar con sus juguetes caseros en el parque. Mercedes sabe que muchos de esos niños jamás tendrán la posibilidad de salir de la pobreza, y eso la deja más decidida aún a hacer una diferencia por los niños de América Latina.

En 1999, cuando UNICEF le ofrece la oportunidad de convertirse en Embajadora de Buena Voluntad para los Niños de América Latina y el Caribe, acepta inmediatamente. Sin dudarlo, se dedica a la tarea por el resto de su vida. Cuando en una entrevista le preguntaron de cuál de los logros de su vida estaba más orgullosa, respondió: "De haber sido tan activa, de ser embajadora de la Unicef para los niños, de cantar para ellos. Una niñez doliente genera hombres y mujeres desesperados".[6]

AHORA, A inicios de sus 50 años, espera poder pasar algo positivo a la generación de los jóvenes, especialmente los jóvenes artistas. "Tengo mucho respeto por la juventud, por quienes cuestionan y desafían las cosas siempre. Quiero dar a la gente joven un mensaje muy importante, que ellos son importantes para el mundo",[11] dijo. "La dictadura militar en mi país paralizó al pueblo. Hoy hay una nueva generación naciendo, llena de jóvenes escritores de canciones experimentando la pasión de su libertad".[15]

Una de las formas en que alienta a la nueva generación es llevándolos con ella a algunos grandes festivales musicales que se hacen cada año en diferentes países latinoamericanos. El más grande es el de Cosquín, en Córdoba. Se realiza durante nueve días a fines de enero. Allí fue donde Mercedes tuvo su debut en 1965 y, a excepción de sus años de exilio, ha participado en todos ellos desde entonces. Así como fue presentada por Jorge Cafrune en aquel entonces, ahora promueve con entusiasmo a la generación de jóvenes artistas ella misma, e invita a muchos —menos conocidos— a cantar con ella en el escenario. Muchos han hecho su debut al ponerlos Mercedes en el candelero y usar su prestigio para presentarlos a nuevos públicos. Jamás tiene miedo de compartir su fama y cree que muchos de ellos cantan mucho mejor que ella. Los artistas jóvenes, por su parte, la admiran. Se convierte en una especie de madrina que presta atención a su trabajo y les da su bendición.

Uno de los artistas que a menudo invita al escenario con ella es el cantautor argentino Víctor Heredia. "Mercedes me obligó a cantar en todos los conciertos y forzó a la gente a escucharme. Siempre la llamo Mami, porque ella es mi segunda madre", reveló Heredia sobre su debut. Había escrito la canción "Todavía cantamos", la cual, después de la caída del régimen militar, se hizo parte habitual del programa de Mercedes.

"Todavía cantamos, todavía pedimos,
todavía soñamos, todavía esperamos,
a pesar de los golpes
que asestó en nuestras vidas
el ingenio del odio
desterrando al olvido
a nuestros seres queridos".

Pasar tiempo con la gente joven y escuchar su música la mantiene al corriente e informada sobre otros géneros aparte del suyo. En lugar de jugar a lo seguro, tiene el coraje de cruzar los límites estilísticos y el tango argentino, la Nueva Trova cubana, la Bossa Nova brasilera, el jazz y el rock influencian su repertorio. "Mi carrera ha sido una continua búsqueda, no del aplauso, sino una búsqueda musical que incluye el cambio, tomar riesgos. No abandoné la música folclórica, sino que comencé a cantar algunas composiciones con mezcla de jazz en portugués de Milton Nascimento, Chico Buarque y otros maestros del pop brasilero. Sigo experimentando, buscando. No me siento vieja; soy una artista que está constantemente cambiando su repertorio",[28] dijo.

Así como construye un puente entre generaciones, también usa su fama para construir un puente entre géneros musicales que solían estar muy alejados entre sí. Sigue siendo fiel a la música folclórica y a sus raíces en la Nueva Canción, sin embargo, e inspira a los jóvenes artistas a mantener viva la música folclórica también. En cualquier cosa que haga, jamás traiciona sus opiniones políticas y sigue cantando canciones de protesta. Pero, cada vez más, añade canciones a su repertorio que no necesariamente tienen contenido político. Añade más canciones de amor, por ejemplo, "Tonada del viejo amor" e "Insensatez". Sin importar el género que decida cantar, su solidaridad con la gente que sufre y su convicción de que la buena voluntad se impondrá sobre la maldad es fundamental para ella. "Todo lo que pensaba y creía entonces, sigo creyéndolo. Mis opiniones no han cambiado. No podría soñar siquiera en cambiarlas",[25] dice. "Puedo cantar sobre los problemas que sucedieron bajo los militares. Pero también canto sobre los problemas que suceden ahora. Siempre canto sobre la pobreza y el hambre, porque ésos son problemas que persisten bajo dictaduras y democracias por igual".[29]

Aunque muchos de los artistas latinoamericanos que ella ayuda a presentar al público comparten sus mismas pasiones, jamás permite que su ideología ponga límites a con quién colabora. Por el contrario, ella usa la música para construir un puente entre personas con ideologías diferentes y está abierta a trabajar con cualquiera que quiera trabajar con ella. Mostrar respeto hacia los demás es uno de sus valores fundamentales. Con la confianza que desarrolló en su niñez, ella descansa en la seguridad de ser quien es y puede fácilmente abrazar la diversidad sin sentirse amenazada. Como decía ella: "Todos somos diferentes y ésa es la belleza de la vida en la Tierra. Nuestros diferentes colores, diferentes puntos de vista, diferentes sistemas políticos".

Su trabajo por la coexistencia pacífica es premiado. En octubre de 1996 recibe el Premio CIM-UNESCO, otorgado por el International Music Council, por su incansable defensa de los Derechos Humanos y por su contribución a la unidad, el respeto mutuo y la comprensión entre los pueblos. El jurado basa su decisión citando su excelente carrera y la aclama por su altos valores éticos y morales. [13]

Un año más tarde, en marzo de 1997, le otorgan el prestigioso puesto de Vicepresidente del Earth Council y participa en la formación de la Iniciativa Carta de la Tierra, un **acuerdo** ético para construir una sociedad global justa, sostenible y pacífica en el siglo 21. [30]

EN 1987, Mercedes tiene una experiencia excepcional en el Carnegie Hall. [11] Su actuación ha terminado y está esperando que el aplauso cese, pero el público sigue de pie y sigue aplaudiendo. Ella se inclina con humildad y dice: "Gracias, muchas gracias". El aplauso ha durado tres minutos. Ella espera a que cese pronto y abre sus brazos hacia el público, como si estuviese abrazándolos mientras dice: "Los amo. Gracias por su amor. Los amo a todos. Gracias por venir".

La ovación se hace aún más intensa. Seis minutos han pasado La gente sigue de pie. Mercedes está abrumada. Jamás se imaginó que sería tan bien recibida fuera de América Latina. Jamás buscó popularidad o renombre. Estar aquí en los Estados Unidos recibiendo una ovación de pie como ésta va más allá de sus sueños más alocados. Mercedes cierra sus ojos y absorbe el momento, y su vida pasa como una película por sus párpados. Aquí está ella, la pequeña niña que siempre cantaba, incluso en el cementerio, recibiendo un homenaje; no sólo por su voz y sus capacidades artísticas, sino por la vida que ha vivido y el precio que ha estado dispuesta a pagar por defender sus creencias y por la búsqueda de un mundo mejor para todos.

Se siente humilde, reflexiva y agradecida. "Gracias a la vida" nunca ha significado más para ella que en ese momento. Ella cree más que nunca que aquello por lo que lucha no es en vano.

Mercedes permanece de pie varios minutos más con sus ojos aún cerrados antes de dirigirse al público otra vez. Con lágrimas corriendo por sus mejillas, dice: "Gracias, mis queridos amigos. Los beso a todos. Muchas gracias". Más de 10 minutos han pasado antes de que deje el escenario, profundamente conmovida. La ovación no termina hasta que ella se ha ido.

DURANTE EL verano de 1988, Mercedes tiene una gira de conciertos por Alemania Occidental, Suiza y Austria junto con la estadounidense Joan Báez y el alemán Konstantin Wecker. Es una época agradable para los tres, pues tienen una relación cordial que da lugar a gran diversión y espontaneidad en el escenario. Uno de los conciertos es lanzado en el DVD Tres Mundos, Tres Voces, Una Visión. [31] Los artistas cantan por turnos, y Mercedes deja una profunda impresión en Joan Báez:

"Mercedes se ha forjado una reputación internacional por reunir sus preocupaciones políticas y sociales y su música, combinando una verdadera destreza artística con las cosas en las que cree. Bajita y rellena, pero con la imponente presencia escénica de una Madre Tierra andina y una cálida pero penetrante voz de contralto, la Señora Sosa mantiene un equilibrio entre el arte y la convicción que dota a su música de una abrasadora honestidad y poder. Jamás he visto nada como ella. Es monumental en estatura, una cantante brillante con un tremendo carisma que es ambas cosas, una voz y un personaje. Puede que ella no se vea como Tina Turner, pero puede atrapar al público desde el escenario. Cuando estábamos cantando en concierto juntas, lloré durante toda su actuación. Eso la avergonzó, pero una noche me puse de rodillas y besé sus pies. No había estado conmovida por la música durante mucho tiempo. En cuanto a lo que se refiere a artistas, ella es sencillamente la mejor". [11]

En octubre del mismo año, Mercedes se une a un festival musical internacional en Buenos Aires, organizado por Amnistía Internacional, donde actúa con artistas de otros países como Peter Gabriel y Sting, a quienes se une para cantar "Ellas bailan solas". Es sobre los desaparecidos en Argentina y un homenaje a las Madres de Plaza de Mayo, presentes en el escenario durante todo el concierto, que es transmitido por la televisión argentina.

Bruce Springsteen participa también del festival. Acaba de regresar de un concierto en Berlín Oriental donde se reunieron 300.000 personas a pesar de que sólo había 160.000 entradas a la venta. A mitad de camino desde el concierto en Berlín, había dado un discurso diciendo: "No estoy a favor ni en contra de ningún gobierno. He venido a tocar rock 'n' roll para ustedes con la esperanza de que un día todos los muros sean demolidos". El lugar quedó completamente en silencio. La gente se queda conteniendo la respiración para ver cómo reaccionarán las autoridades. Pero cuando se dan cuenta de que no hay nada que las autoridades puedan hacer porque son demasiados, la multitud comienza a vitorearlo sin contenerse.[32]

No es el concierto o el discurso en sí lo que derriba el muro de Berlín el 9 de noviembre de 1989, pero juntos ayudaron a dar valentía a los ciudadanos alemanes para salir a las calles y exigir libertad. El ejemplo confirma a Mercedes que el arte puede tener un impacto mayor que la política. "La cultura es la revolución más importante. Los gobiernos no duran. La cultura es el poder más grande",[33] declara y sostiene, usando su arte y su posición como plataforma de lanzamiento para influir en el mundo.

MERCEDES RECIBE frecuentemente invitaciones a programas de televisión. En 1993 participa en un programa juvenil conducido por la popular conductora brasilera María da Graça Xuxa Meneghel, mejor conocida como simplemente Xuxa. El estudio está lleno de emocionados adolescentes animando mientras Xuxa conduce a Mercedes al salón. Es justo antes de Navidad, así que Mercedes comienza con "Ay para Navidad", lo que hace que los chicos aplaudan a coro incansablemente. Luego, abraza a los músicos y a Xuxa, quien obviamente siente un gran afecto por ella y no deja de sostener y acariciar las manos de Mercedes. En el fondo se escucha a los adolescentes cantando "Olé, olé, olé, olé, Negra, Negra". Mercedes les desea a todos una Feliz Navidad y ya está saliendo cuando Xuxa y los adolescentes comienzan a cantar "Y dale alegría a mi corazón".

El estudio parece un estadio de fútbol y la temperatura sube mientras la canción es repetida una y otra vez por los sudorosos adolescentes, quienes saltan y bailan con entusiasmo. Mercedes, ya cerca de los 60, aún es capaz de cantar con la juventud. Decididamente toma el micrófono otra vez y comienza a cantar a coro con ellos. En el medio de la canción advierte a una pequeña con Síndrome de Down intentando llegar a ella. Mercedes deja de cantar, se inclina y le da el micrófono. La niña canta audazmente mientras Mercedes le acaricia el cabello. Cuando la niña termina, Mercedes la mira con ternura, orgullo y aprobación. Luego levanta la vista y sonríe al público, una sonrisa que, sin palabras, dice a todos que son hermosos a su propio modo, y merecen amor y aprobación.[34]

DURANTE LOS '80 y bien entrados los '90, Mercedes está constantemente en movimiento. Realiza cientos de conciertos en América Latina y lanza un nuevo álbum casi cada año. Cuando no está viajando, el estudio es su segundo hogar. Pero más importante que los ingresos y los premios que recibe es el amor de personas comunes que encuentra donde sea que va. Jamás ha perseguido la fama o el aplauso; la ha impulsado el deseo de tener una relación genuina con ciudadanos comunes. Ha trabajado deliberadamente para lograr esto siendo accesible y prestando atención cuando alguien se aproxima a ella. "He luchado para llegar a la gente común, gente de barrio, y no lo lograba. Ha sido una tremenda desesperación mía. Me ha llevado muchos años alcanzar el amor y la conexión con la gente",[25] admite. Ahora no puede dar un paso fuera de su casa sin que se le acerquen esperando saludarla. Cuando pasea por alguno de sus mercados al aire libre favoritos de Buenos Aires, sus conciudadanos se reúnen a su alrededor pidiéndole que cante. A veces se da por vencida y la multitud canta a coro con ella. La fama no la ha corrompido. Como tiene los pies en la tierra, fácilmente entra en conversación con sus admiradores de todos los días. "Soy del pueblo, y seguiré siendo del pueblo". Por esta razón no le gusta ser llamada diva. "Odio esa palabra. Soy cantante folclórica",[25] sostiene.

En uno de sus pocos días de descanso, da un paseo por el viejo puerto, La Boca, en Buenos Aires. En el camino se le aproximan como de costumbre y, al no estar apresurada, se toma su tiempo para hablar con sus admiradores. Un anciano sale de su casa y le regala un cuenco de cerámica. Su camisa está llena de agujeros y le faltan varios dientes. Él la abraza y ella responde a su cálido abrazo, agradeciéndole el regalo, que probablemente fuera la única cosa que tenía para dar.[25]

Al llegar al puerto ve montones de trozos de hierro y viejos barcos hundidos que le recuerdan a los siete millones de inmigrantes que vinieron a Argentina desde Europa a fines del siglo 19 y principios del 20, gente que huía de la guerra y el hambre, soñando con comenzar una vida mejor. "Esta parte de Buenos Aires siempre me conmueve mucho. Es una zona muy especial. Cuando veo estos barcos, pienso en lo lejos que la gente ha viajado y el precio que han pagado para llegar aquí. Los corazones de esos trabajadores también están oxidados, y sólo la paz y la democracia puede hacer las cosas mejores para ellos", dice ella en el documental *¿Será posible el Sur?*

Deja el puerto y se desplaza más hacia el corazón de La Boca. Al mirar a su alrededor y ver las llamativas y alegres casas multicolores del área alrededor del puerto, se da cuenta de que se ven exactamente igual a lugares que ha visto en Italia. Y de hecho fueron principalmente inmigrantes italianos quienes se instalaron aquí en La Boca. Lamentablemente, la mayoría de ellos se quedaron atascados aquí y pocos de ellos llegaron a tener la vida que esperaban. Muchos eran granjeros que deseaban cultivar su propia tierra en un nuevo país, pero en aquel entonces en Argentina la tierra ya pertenecía a grandes terratenientes y no había lugar para ellos. Como resultado, la mayoría se quedaron varados en Buenos Aires y se vieron forzados a trabajar en el puerto, el ferrocarril o la industria. La Boca es un barrio obrero, y la gente aquí aún trabaja duro para ganarse la vida. Reflejando la identidad y la historia argentina, Mercedes recuerda un dicho usado a menudo para describir a los argentinos:

"Los mexicanos descienden de los aztecas, los peruanos de los incas y los argentinos de los barcos".

En una esquina de la calle se topa con dos jóvenes con ropa sucia de trabajo, azul. En su mente, ella hace la conexión entre los jóvenes con sus manos negras por el aceite y la historia que ha estado pensando. Su corazón se dirige a los tímidos muchachos, obviamente abrumados por encontrarse con su ídolo en medio de su barrio, y no saben qué hacer o decir. Mercedes les tiende los brazos. Con ambas manos en el rostro de uno de los muchachos, ella se queda quieta y lo mira un largo rato. Sus ojos brillan con amor, compasión y orgullo. Como una madre que mira a su hijo con ojos cálidos y tiernos, su expresión envía el mensaje más importante que un ser humano puede recibir. Una mirada que dice: "Te veo. A mis ojos, eres maravilloso". Ella lo besa en ambas mejillas antes de bajar las manos hasta sus hombros, donde quedan quietas cálidamente. Luego se vuelve hacia el otro para brindarle la misma atención. Con su brazo alrededor de los hombros de uno de los hombres, caminan juntos por la calle mientras siguen charlando.[25]

Mercedes ha desarrollado una capacidad única para ver y apreciar a la gente por quiénes son. La hace feliz estar cerca de la gente, pero también la agota llevar la carga de otras personas, teniendo apenas tiempo para ella misma. Hay momentos en que desea ser sólo una persona común, anónima. "Quienes llevan una vida privada tienen que ser felices", dice.

Ha logrado la cercanía con el público que siempre esperó lograr, pero tiene un precio que pagar.

Mercedes Sosa con Sting

Mercedes Sosa y Fito Páez durante la grabación del CD doble *Cantora*, en 2009.

Mercedes Sosa y León Gieco

Acuarela de Gustavo Leonel Muñoz Ceverio
Proyecto Cultural Mercedes Sosa Por Siempre

Enfermedad y los últimos años

ES TARDE POR LA noche. Mercedes yace sola en la oscuridad, escuchando el tic-tac del despertador mientras da vueltas en la cama. Se levanta, se prepara un vaso de leche tibia, la bebe y regresa a la cama. Todas las impresiones de la grabación de su nuevo álbum con Charly García, *Alta Fidelidad,* viajan por su mente como un tren subterráneo en la hora pico. Un pensamiento sigue al otro. ¿Cómo va la grabación? ¿Cometió algún error? ¿Puede hacerlo mejor en la mañana? Sus expectativas de sí misma como artista consumen su energía. Quiere que todas sus grabaciones sean perfectas, pues sabe que estarán allí afuera en el mundo para siempre.[15] Siempre han sido uno de sus más grandes desafíos; su perfeccionismo es un caldo de cultivo para las preocupaciones, pero también para nuevas ideas. Sabe que mañana hará correcciones, y el sólo pensar en ello la hace sentirse exhausta.

Los pensamientos de Mercedes no son sólo respecto del próximo día; también se extienden en el pasado. Hay muchas impresiones de la ajetreada vida que ha llevado. Sus años en el exilio y la muerte de Pocho surgen con la mayor insistencia desde su ser interior. A veces, cuando está rodeada de gente desea estar sola. Pero cuando está sola extraña tener gente a su alrededor. Instintivamente sabe que siempre que se mantenga ocupada los pensamientos oscuros se mantendrán a raya. Sus recuerdos son como pequeñas nubes grises que pasan por el cielo. Como dijo ella: "Cuando me deprimo, el color gris llena mi cabeza. Me invade. El color gris es grave, muy grave. Es como si una nube oscura me sofocara. Tengo que protegerme y escapar de este color".[3] Son las 3 de la madrugada cuando finalmente logra eliminar las nubes grises y dormirse. En menos de cinco horas debe levantarse y grabar otra vez.

Está cansada cuando despierta, pero el gris se ha ido. Sin embargo, cuando llega la noche, todo comienza otra vez. Luego de la última ovación, cuando las luces del escenario se apagaron y la puerta de su departamento se cierra tras ella, el color gris llega furtivamente como un monstruo listo para devorarla.

En 1997, luego de terminar la grabación de *Alta Fidelidad*, las nubes grises rodean a Mercedes como una pesada manta. Toda su vida ha estado impulsada por su trabajo y su éxito, y ahora es el momento de pagar la factura por no haber escuchado las señales de su cuerpo y su alma. Una mañana no puede salir de la cama y quedarse levantada. Desde todos los rincones de su mente emergen recuerdos reprimidos. Su sistema está sobrecargado por lo bueno tanto como por lo malo, y por el dolor de recordarlos a ambos.

Las nubes que la rodean se convierten en una depresión severa. La depresión le causa complicaciones gástricas[20] que hacen que pierda la voz, igual que estando en el exilio.[19] El sólo pensar en comida la enferma y deja de beber y comer, pese a los muchos intentos de Fabián por lograr que lo haga. Durante cinco semanas consume sólo cuatro uvas al día y pierde 30 kilos en cinco meses. Se debilita y deshidrata tanto que necesita ayuda para salir de la cama e ir al baño. A veces está tan atontada que cree que su dormitorio es una habitación de hotel. Todo lo que desea es morir, y su médico le dice que lo hará si no comienza a cuidar de sí misma.[4]

Le da inyecciones y le prescribe antidepresivos. Lentamente, comienza a comer, pero todo lo que come lo devuelve. Un día intenta salir de la cama, pero sólo llega a hacer 10 metros antes de derrumbarse. Más tarde, tiene un atisbo de sí misma en el espejo del baño y queda aterrada por el aspecto de su agotado cuerpo.

Su médico y su psiquiatra le diagnostican unánimemente una severa depresión, y culpan al exilio en Europa y años de duro trabajo. Mercedes está de acuerdo con ellos. "Nunca pensé que tenía problemas. Los problemas estaban adentro, muy profundamente adentro",[19] concluye.

Mercedes quiere que la dejen sola; las únicas personas que ve son Fabián, su médico y María, una empleada doméstica, y sólo los ve porque debe hacerlos. A veces se enoja cuando entran al dormitorio, especialmente si le traen de comer.

Luego de casi un año en soledad, una joven cantante de Bolivia pregunta si puede visitar a Mercedes. Mercedes siente mucho cariño por esta cantante en particular y hace una excepción. La chica entra en el dormitorio de Mercedes y queda impactada al ver a Mercedes pálida y exhausta en su cama. Busca en su mente intentando encontrar las palabras adecuadas. Luego dice a Mercedes que pedirá a las "Madres Bolivianas" que envíen un ave cantora especial para cantarle y animarla. A la mañana siguiente Mercedes puede escuchar el más hermoso trinar fuera de su ventana. Jamás había escuchado a esta ave antes, y jamás volverá a escucharla después de ese día.[4]

Mercedes creció entre las normas del catolicismo y siempre respetó la religión de los demás, pero jamás dejó que la religión jugase un papel activo en su vida personal antes. Ahora, en la oscura noche de su alma, su enojo y frustraciones se vuelven hacia Dios, a quien le endilga la responsabilidad de todas las injusticias que tuvo que enfrentar. Al hacerlo, deja salir algo de enojo y resentimiento y siente que algo se levanta en su interior. La amargura se convierte en gratitud por la vida, y en lugar de desear morir dice: "Pasé cinco meses en la cama, incapaz de caminar, pensando que jamás haría algo más en mi vida. Ahora tengo mucho amor por la vida. Me regocijo en la vida. Es tan grande, la vida... Me he dado cuenta de que la tomamos muy a la ligera. Cuándo estás tan enfermo, estás tan solo... Sólo tú sabes lo que sufres. Eso me acercó a Dios. Me he reencontrado con él".[6]

Luego de esta experiencia, Mercedes finalmente encuentra la fortaleza interior para levantarse y regresar a la vida con la ayuda y el apoyo de su familia y amigos. El color gris sigue alrededor, pero ya no le teme. Ha aprendido cómo lidiar con él y está decidida a no dejar que la domine nuevamente.

Mirando hacia atrás, luego de un concierto en Miami en 2007, dice emocionada: "Estoy tan agradecida, sabes, de que Dios me haya dado esta segunda oportunidad. Nunca creí en Dios, pero cuando mi enfermedad llegó a su pico hace algunos años, estaba tan desesperada que le dije, como dijo Cristo, 'Dios, ¿por qué me has abandonado?' porque me sentía abandonada. Y fue un milagro, comencé a sanar".[20]

LA DEPRESIÓN la alejó del candelero durante casi un año. Ahora tiene 63 años y está lejos de sentirse vigorosa. La idea de viajar por el mundo la hace pensar que es momento de retirarse y duda de que sea posible hacer una reaparición a su edad. Una parte de ella desea establecerse pasar más tiempo con su familia; otra parte quiere cantar para el pueblo mientras pueda. No logra decidirse, pero la vida la coloca en la dirección correcta cuando aparece en público por primera vez luego de su enfermedad en un concierto de Pablo Milanés en el Luna Park de Buenos Aires. Pablo comienza con la canción "Años", que solía cantar a menudo con Mercedes. Espontáneamente le alcanza un micrófono a ella mientras está sentada en la primera fila y le pide que cante con él. Ella lo hace, por primera vez en lo que parecen siglos. Ella canta con tranquilidad, pero los colegas que sabían por lo que acababa de pasar están llorando. Se le entrega un ramo de flores y el público que la rodea se pone de pie y comienza a aplaudir.[4] Es un momento que le da a Mercedes el coraje para regresar.

El primer pedido que acepta luego de su receso es para un concierto en el Luna Park en 1998. Una vez más, su miedo de no atraer más al público queda descartado. Hace mucho que ha superado su pánico escénico y la vergüenza acerca de su peso. Ahora se mueve con seguridad sobre el escenario, como si fuese su segundo hogar, y lo transforma en una acogedora sala con una gran silla para que ella se siente en medio del escenario. El público está invitado a ser su huésped personal. Les brinda una atención completa de una forma relajada y divertida. Ríe mucho y hace que su público ría con ella. Hablando con voz tierna, entabla lo que parece un diálogo personal con miles de personas cuando charla espontáneamente entre sus canciones. Una pantalla gigante sobre el escenario ofrece al público la ventaja de poder contemplar sus gestos y expresiones hasta el último detalle.

Se sorprende a sí misma y al público con la energía que tiene durante toda la actuación. Un periodista le pregunta más tarde de dónde saca esa energía. Ella responde: "No tengo idea. Me sentía muy, muy débil".[35] Luego de un rato notó que algo bueno le sucede cuando canta, y concluye que realmente está curándose al hacerlo.

También comienza a grabar otra vez. Su primera grabación luego de la enfermedad es la *Misa Criolla*, una composición musical espiritual a la que es invitada a participar por el compositor argentino Ariel Ramírez. Mercedes ve como una señal de lo alto que la grabación tenga lugar justo después de haber hecho las paces con Dios. Asimismo, cree que no es coincidencia que el álbum sea grabado en Israel.[6] No se ha vuelto religiosa en el sentido tradicional y no siente necesidad de cambiar su forma de vida, pero su recientemente encontrada espiritualidad la hace consciente de la presencia divina en su interior. Incluso si jamás se preocupó por la religión, tampoco cantó ni habló contra Dios. Siempre respetó la religión de los demás, especialmente de su madre.[36] Durante de su vida, Ema ha sido un ejemplo para Mercedes respecto de lo que significa convertir la religión en la práctica de ser caritativo. Ama a tu prójimo como a ti mismo es una pauta general para Mercedes también. Más allá de eso, no habla mucho sobre su fe o cómo se imagina a Dios. No tiene que hacerlo. Sus acciones hablan por sí solas y, por su forma de estar en este mundo, está profundamente ligada al amor; quizás tan profundamente que el amor es su Dios.

MERCEDES SIEMPRE ha estado cerca de su madre. Su cercanía es tal que, estando sola en casa de un amigo una noche, repentinamente siente que hay alguien de pie junto a ella, colocando una mano en su hombro de la manera que solía hacerlo su madre. Mercedes se da vuelta, pero no hay nadie allí. Unos minutos más tarde, recibe una llamada telefónica diciéndole que su madre ha perdido el conocimiento. Pese a que no es una sorpresa, ya que su madre ha estado enferma por largo tiempo, la noticia afecta profundamente a Mercedes. El 27 de abril del 2000, su madre muere a los 89 años.[4]

Cada vez que Mercedes pierde a alguien a quien ama siente que la aflicción es peor. Pero esta vez sabe que debe enfrentarlo en lugar de huir de ello. Intenta encontrar el equilibrio y permitirse un tiempo de duelo sin dejar que el color gris la invada. Encuentra consuelo y fortaleza en su última grabación, la *Misa Criolla*, con la cual rinde homenaje a la sólida fe en Dios de su madre. Recibe el premio Grammy Latino (su primer Grammy) al mejor álbum folclórico por la *Misa Criolla*.

A PESAR DE ESTAR físicamente débil por las adversidades de la vida y el efecto de la edad afectándola sutilmente, Mercedes se las arregla para avanzar en su carrera. Pero se da cuenta de que algo ha cambiado. "Luego de la depresión de 1997 y la muerte de mi madre en el 2000, me siento condenada a alguna clase de constante sensibilidad", dice. Llora con más facilidad cuando está sola, y frente a la gente también. A veces se siente abrumada de gratitud por estar viva, poder cantar para el pueblo y recibir tanto amor a cambio. "Canto para el pueblo porque los amo",[25] dice, y añade que es el amor del pueblo el que le da fuerzas.

Las dificultades de los demás la conmueven profundamente también. Luego de sus recitales, se toma su tiempo para estar con ellos y escuchar sus historias, como hizo luego del concierto en Holanda. "Cuando conocí a Mercedes Sosa, un buen amigo mío era su representante en la gira. Me sentí privilegiada por haberla conocido y recuerdo lo impresionada que estaba con su gracia y humildad cuando se encontró con una larga fila de admiradores luego de haber cantado un concierto entero. Si estaba cansada, nadie lo notó. Estaba completamente enfocada en cada historia que era compartida con ella esa noche. ¡Impresionante!" Christel Veraart, compositora y cantante, Alaska.[37]

Una noche, luego de un concierto en un festival público en Tunuyán, a 140 km al sur de Mendoza, Genoni, el bajista de Mercedes le dice que ha encontrado a uno de sus fans en la recepción del Grand Hotel. El fan, Luis Plaza Ibarra, vino desde Suecia con el sólo propósito de ver a Mercedes en vivo, pero no pudo conseguir alojamiento pues todos los hoteles de la zona están completos. Cuando Mercedes escuchó esto envió a una mujer a invitar a Luis a encontrarse en privado luego del concierto. Los controles de seguridad lo dejarían pasar sin molestarlo si les decía que Mercedes lo había invitado. Tras bambalinas, se encontró primero con Fabián, que le dijo que su madre estaba muy débil y que no está seguro de si podrá verlo. Sin embargo, a pesar de sentirse débil, Mercedes apareció. Al estar de pie frente a ella tan repentinamente, la mente de Luis quedó en blanco y simplemente le tomó la mano y dijo: "Gracias, gracias por todo", a lo que Mercedes respondió: "¿Encontró un lugar para dormir esta noche?". Este encuentro dio origen a una amistad que jamás se rompió, y Luis terminó viajando con Mercedes los últimos ocho años de su vida.

Con cada crisis por la que pasa, Mercedes se vuelve más compasiva y comprensiva. Puede identificarse con los pobres, los enfermos, los divorciados, las mujeres que han tenido un aborto, con gente que ha perdido a sus seres queridos, con los solitarios, los deprimidos y los suicidas. Sus aflicciones personales le permiten ser empática y brindar consuelo, como un periodista estadounidense la vio hacer con Juan Carlos Nagel, un colega, tras bambalinas después de un concierto. "La vi consolar a un periodista argentino tras bambalinas en el concierto en la UCLA. Ella lo había conocido en los '70 en Argentina, antes de que él se mudara a Los Ángeles. Estaba muriendo de SIDA, y ambos sabían que sería la última vez que se verían. Él perdió la compostura, y cayó en los brazos de ella llorando: '¡Mamá!' Ella lo abrazó con ternura. El resto de nosotros dejamos la habitación conteniendo las lágrimas. Una vez más me recordó su belleza, su humanidad. Ella era una verdadera *pachamama*, palabra inca para mujer poderosa, una Madre Tierra".[38] Tom Schnabel, productor de radio, *Rhythm Planet*.

Varias personas van sólo para estar en la atmósfera sanadora que parece formarse durante sus conciertos. No es raro que algunas personas lloren durante todo el evento. Incluso aunque no hablen o comprendan una palabra de español, el mensaje es comprendido por la manera de actuar de Mercedes. Sin ningún sonido, la historia será contada por su uso de las expresiones faciales y su lenguaje corporal solamente. El idioma de Mercedes es el idioma del corazón; no necesita interpretación. Su cuerpo, sus expresiones, su entonación, todo está completamente de acuerdo con la emoción que está expresando. Su rostro está constantemente vivo, y sus distintivas cejas negras añaden intensidad a sus exóticos ojos negros. Cuando sonríe, se le forman dos suaves hoyuelos, y el sonido de su sonrisa puede escucharse en su voz.

"Su rostro es tan inolvidable como su voz, igualando a sus acordes en poder y presencia".[39] Sandra Bertrand, Galo Magazine.

Su enorme impacto en todo tipo de personas es evidente cuando regresa al norte de Argentina luego de su crisis personal. En marzo de 2001 ofrece un largo concierto al aire libre en Santa Catalina, una ciudad minera, a 3.770 metros sobre el nivel del mar. El escenario ha sido armado en una pequeña isla de un turbulento río que la mantiene separada del público, principalmente mineros pobres que han venido a pesar del clima helado. En medio de la actuación, repentinamente un joven perturbado vestido con harapos salta al río y nada hasta el escenario en el que está Mercedes. Se quita su camiseta y se la ofrece. De pie, con el torso desnudo, le da un afectuoso apretón, al que ella responde mientras sigue cantando.[40] ¿Qué pasaba por la mente del joven? ¿Está drogadoo simplemente es uno de los muchos que tiene la necesidad de ser visto y aceptado, tal como es? ¿Se ha vuelto Mercedes una figura materna para él en su imaginación, de la misma forma que lo es para muchos de sus fans? Alguien que sintió esto es Ian Malinow, corresponsal y bloguero de música latina de Costa Rica, quien dijo: "De alguna manera, Sosa fue para mí como un miembro más de la familia. Más que una cantante, en mi retorcido y surrealista mundo propio ella se convirtió en una abuela trotamundos imaginaria para mí. No me pregunten por qué, pero parece tener ese poder inherente sobre sus más fieles oyentes y admiradores".[41]

No se avergüenza Mercedes de que algunos de sus fans la vean como una figura materna. Incluso reconoce sus profundos sentimientos hacia ella. Una noche, un joven, Ignacio, camina con la multitud hasta la entrada trasera del teatro, esperando ver a Mercedes luego del espectáculo. "Había mucha agitación y los guardias anunciaron que Mercedes ya había dejado el edificio. Vi que Fabián aún estaba allí, hablando con su celular, así que supuse que Mercedes aún estaba allí. Estaba nervioso y ansioso mientras esperaba cerca del ascensor. Luego de unos minutos, la vi a través del cristal de la puerta. Cuando se abrió la puerta estiré mi mano izquierda y Mercedes la tomó. Sosteniendo su pequeña mano en la mía, la llevé hasta el auto. Se subió al asiento trasero y de alguna forma le pregunté a Fabián si podía hablar con ella. Luego sucedió algo asombroso. Mercedes me hizo señas de que debía entrar y sentarme junto a ella. No podía creerlo. Me subí al asiento trasero, pero no sabía qué hacer o decir. Me vinieron muchas cosas a la cabeza. Todo lo que pude decir fue: 'Mercedes, ¿puedo darte un beso?'. Ella me miró, sonrió y dijo: 'Pero hijo, ¿por qué no podrías darme un beso?'. La besé en la mejilla derecha. Recuerdo su muy rico perfume. Luego salí del auto, las puertas se cerraron, Mercedes se fue y yo ya no era el mismo".

Mercedes es consciente de la influencia que tiene sobre la gente y se pregunta si es por su voz, su rostro, o sus creencias las que tienen un impacto tan profundo.[4] "No soy joven ni hermosa, pero tengo mi voz y el alma que se me sale con mi voz", concluye en una entrevista del 2001.[42] Cuando canta, todo lo que tiene adentro sale, y el público tiene un atisbo de su alma. Pero no solo son las suaves y conmovedoras expresiones que domina. También puede ser dramática y dominante. Tiene una autoridad natural, la cual canaliza levantando sus brazos, apretando los puños o llevando su cabeza hacia atrás al reír. Uno de sus más pasionales actuaciones es la canción "Cuando tenga la tierra", que alguna vez hizo que la arrestaran. Cuando la canta, camina rápidamente de un lado al otro del escenario. Entre los versos, levanta el volumen en una proclama que muestra la potencia de su voz. Puede iniciar una revolución en un momento sin usar micrófono alguno. Una vez, un sistema de sonido se estropeó cuando comenzó a cantar. "Recuerdo a Mercedes Sosa por su interpretación de 'Los Mareados' en el Concertgebouw en Ámsterdam, donde asistí a un concierto suyo. Para esta canción, Mercedes decidió comenzar dando la espalda al público. La primera nota debe haber tomado por sorpresa al ingeniero de sonido, porque todos los parlantes estallaron repentinamente con un terrible sonido". Christel Veraart, compositora y cantante, Alaska.[38]

EN 2002, LUEGO DE grabar *Acústico en Vivo*, una grabación en vivo por la que ganó su segundo Grammy, volvió a enfermarse, esta vez físicamente. Tuvo que cancelar todos los conciertos programados y su enfermedad la alejó de los escenarios durante dos años, aunque se las arregló para apoyar la elección de Néstor Kirchner en 2003.

Enseguida luego de ocupar el puesto en mayo, Kirchner despide a poderosos oficiales militares y de la policía. Enfatizando la necesidad de mejorar la rendición de cuentas y la transparencia en el gobierno, Kirchner revoca las leyes de amnistía para los oficiales militares acusados de tortura y asesinato durante la Guerra Sucia. Al anular las leyes de amnistía, el caso contra Videla, junto con otros 14 generales responsables por la Guerra Sucia, es reabierto. Son acusados de asesinato, tortura y secuestro, y sentenciados a cadena perpetua. Esta vez los jueces se aseguran de que no sea posible una amnistía y que no puedan escapar a las consecuencias de sus actos. Mercedes está aliviada de que finalmente la justicia parece prevalecer en su país.

Videla es enviado a una prisión común, donde muere a causa de una caída en la ducha el 17 de mayo de 2013. Durante su juicio siguió defendiendo sus barbáricas acciones contra la humanidad. Una nueva orden de captura se libra contra Isabel Perón, pero no es posible arrestarla pues ha escapado a España y el gobierno español se rehúsa a extraditarla a Argentina.

Cuando Mercedes regresa luego de su receso en el 2005, sufre de un dolor de espalda crónico por algunas caídas serias que casi la paralizaron. Deja de bailar como solía hacerlo, pero incluso con un tremendo dolor de espalda, encuentra la forma de cumplir las expectativas del pueblo y sus conciertos siguen agotando las entradas. Su primera actuación luego de su retorno en el 2005 es en el Salón Blanco *del* Congreso Argentino, en el, que tiene una audiencia televisiva de un millón de espectadores. Le rinden homenaje la primera dama, Cristina Fernández de Kirchner, ministros, oficiales del gobierno y muchos otros artistas argentinos. Junto con sus invitados León Gieco y Teresa Parodi, canta muchas de las canciones folclóricas clásicas que la han hecho famosa. También canta canciones de su nuevo CD, *Corazón libre*, el cual es lanzado en 2005 y por él Mercedes obtiene su tercer Grammy.

EN FEBRERO DE 2007, Mercedes fue a Mendoza para unas vacaciones. Está emocionada por volver a estar en el lugar donde una vez se enamoró y donde fue esbozado el Manifiesto del Movimiento Nueva Canción, que tanto influyó en su vida desde aquel entonces. Ahora está a inicios de sus

70 y quiere tiempo para reflexionar acerca de su vida en ese pacífico y silencioso entorno, lejos del caótico estruendo de Buenos Aires.

De pie, junto a la ventana, enfrenta su gran jardín con viejos y majestuosos árboles. Al mirar hacia afuera, ve un reflejo de sí misma en la ventana. Estudia ese paisaje de arrugas en el mapa de su rostro. Todas cuentan una historia, *su* historia. Una historia sobre una mujer que fue afortunada por crecer en una familia amorosa y solícita, que posee un talento obvio y que siempre hizo lo que disfruta más. Una mujer que jamás soñó con tener una vida tan emocionante, viajando por todo el mundo y recibiendo tal reconocimiento. Jamás tuvo que esforzarse por nada de eso. La vida debe haberla escogido, cree, mientras el paisaje de su rostro comienza a sonreír. En su frente también observa los profundos surcos formados por trágicos eventos. Cambios desagradables la empujaron en direcciones que no deseaba tomar. Sin embargo, a fin de cuentas, la llevaron a su destino cuando ella tomó a la aceptación de la mano, la única guía que sabía el camino a través de la jungla de los cambios. "Todo cambia" corre como un hilo rojo a través de su vida, haciendo de ella un viaje constante. "He tenido una vida muy hermosa y muy trágica",[3] dice en voz alta y se da vuelta alejándose de la ventana. Debe prepararse para una entrevista, o al menos eso cree.

En otra parte del país, un grupo de 60 entusiastas jóvenes cantantes se suben a un ómnibus rumbo a Mendoza.

La única cosa en la agenda de Mercedes durante su estadía en Mendoza es una cita con el cantante y compositor argentino de reggae, Bahiano, a quien le prometieron una entrevista para un documental sobre el folclore en América Latina para el programa MP3.[43] Está por comenzar, y ella está sentada en el sofá de dos cuerpos estilo Chesterfield, con un vestido rosa con bordados blancos mientras espera expectante a que se alisten los camarógrafos. Explica que, para lograr las mejores tomas, las cortinas hacia la calle deben correrse. No tiene idea de que todo es parte de un ardid y de que están por darle una maravillosa sorpresa.

Comienza la entrevista. Mercedes está relajada, de buen humor. Ya pasaron 10 minutos mirando viejas fotografías y ella ha dicho al reportero lo importante que es para ella su familia. Incluso cantó una de sus canciones favoritas para él. El camarógrafo ha dejado abiertas las ventanas a la calle y las cortinas se mueven un poco. Bahiano pregunta a Mercedes si le gustan las serenatas, y ella dice que sí. De pronto, Mercedes escucha cantos que vienen de la calle. Mira desconcertada al periodista, quien se levanta de su silla y le da la mano para ayudarla a levantarse cuidadosamente. Lentamente van hacia la ventana y él corre las cortinas a un lado. Completamente asombrada, ella ve una multitud de jóvenes cantando "Tonada del viejo amor" a varias voces. Suenan fabulosos. Mercedes los mira admirada y no pasa mucho tiempo hasta que se une a ellos.

Al terminar, se enjuaga las lágrimas de los ojos, gritando "Bravo, bravo, bravo", les agradece y les pide otra. El grupo comienza entonces a cantar "Luna tucumana". Más tarde, Bahiano lleva a una algo impedida pero extremadamente animada Mercedes hasta la calle, donde le cantan "Zamba por vos".[44] Es una celebración que ninguno olvidará jamás.

MERCEDES SIGUE SIENDO políticamente activa, y en el 2007 apoya la elección de Cristina Fernández de Kirchner, esposa de Néstor Kirchner, quien gana y se convierte en la primer mujer presidente argentina elegida en las urnas. Mercedes acepta una invitación a cantar durante la celebración inaugural frente al palacio de gobierno el 10 de diciembre. Las políticas de la administración Kirchner tienen un tremendo impacto en la clase trabajadora, cuya explotación Sosa denunció con tanto fervor en tantas de sus canciones.

A pesar de su escasa salud, Mercedes sigue viajando por todo el mundo. Sufre de problemas respiratorios; su voz ya no es tan potente, pero sigue siendo un instrumento admirable. Es rica y dinámica, pero también maleable y asombrosamente expresiva. Su vibrato ha crecido mucho con la edad, pero lo usa controladamente. Está decidida a seguir cantando todo el tiempo que pueda.

El 2008 es un año muy activo para ella. El 18 de mayo, Mercedes actúa junto con la popular cantante colombiana Shakira en Buenos Aires. Cantan "La maza" en un enorme concierto al aire libre para ayudar a los niños marginados de América Latina. También viaja a Europa e Israel y da varios conciertos en el Carnegie Hall, en Nueva York. Debido a severos dolores de espalda, ahora está obligada a sentarse en una silla de ruedas en el escenario, pero eso no le impide ponerse de pie por un momento para hacer algunos de sus característicos pasos de zamba cada vez. Cuando lo hace, el público vitorea.

Habiendo terminado la gira, Mercedes comienza a planificar la grabación de otro CD, *Cantora*. Ya ha hablado con la compañía discográfica al respecto. Si visión es un CD doble consistente en una cantidad de canciones que jamás ha grabado antes y con la contribución de invitados por las que siente un cariño especial. El productor de Sony cree que es una gran idea y apoya sus elecciones, tanto de canciones como de artistas. Ella envía invitaciones personales y recibe la aceptación de todos ellos. Es un honor para ellos ser parte del proyecto, dicen. También es una oportunidad para Mercedes de reunirse con amigos que no ha visto por largo tiempo. El cantante brasileño Caetano Veloso, por ejemplo. Cuando posa sus ojos sobre él otra vez en el estudio, se ve obligada a secarse los ojos con un pañuelo. "Querido, ¿cómo estás? Mi querido hermano, ha pasado mucho tiempo desde la última vez que nos vimos. Te quiero mucho, Caetano. Tengo lágrimas de alegría por ti",[3] le dice.

El rockero Charly García canta "Desarma y sangra", una hermosa y emotiva canción sobre estar en la escuela de la vida. La letra afirma que no hay ninguna escuela que pueda enseñarte cómo tienes que vivir. Charly ha pasado por un tiempo difícil antes de las grabaciones y Mercedes, quien ha estado preocupada por él, le dice: "Siento una rara felicidad dentro mío. Jamás te he visto así antes. Qué hermosa canción. Qué bonita, mi hermoso príncipe".[3] Luego comienzan a bailar en medio del suelo del estudio mientras los demás hacen un círculo a su alrededor, batiendo palmas. Luego de su pequeño baile, se retiran a un sofá de cuero marrón, donde Charly pone su brazo alrededor de ella y ella descansa satisfecha en sus brazos.

Las grabaciones tienen lugar en una atmósfera libre y relajada, signadas por la honestidad, el humor y el respeto mutuo. La voz de Mercedes sigue siendo potente, pero se cansa con mayor facilidad, por lo que estudia detalladamente cada canción antes de grabarla. Quiere que sea perfecta en el primer o segundo intento para cuidar su voz. Su memoria es impecable. Mercedes conoce todas sus canciones de corazón y tiene el texto frente a ella como una formalidad. A los 73, aún tiene altas expectativas de sí misma: "Esto será escuchado en todo el mundo para siempre, y si no lo hacemos bien nos odiaremos para siempre por no haber cantado la canción de la forma correcta".[4] Cuando llegan a la grabación de "Zamba del cielo", con Fito Páez y Liliana Herrero, todo el estudio tiembla como si el cielo hubiese tocado la tierra. Luego todo queda en el más absoluto silencio y se toman de las manos. Liliana estalla en lágrimas, y Mercedes grita: "Dios mío. Es una locura. Tuve la piel de gallina durante toda la canción". La canción expresa el sentimiento que Mercedes tiene cuando mira hacia atrás a su propia vida:

"La vida me ha dado mucho, pero también me quitó. La vida es este río de maravillas y de dolor".

En una entrevista respecto de la grabación de *Cantora*, preguntaron a Mercedes por qué está siendo grabada en esta etapa de su carrera. Ella respondió con una línea de la canción "Cuchillos", de Charly García: "Porque ya no puedo morir".

La última canción que grabó Mercedes para *Cantora* es un dúo con Pedro Guerra, de las Islas Canarias. La canción es un *bonus track* para la edición en español. Está escrita por Pablo Milanés especialmente para Mercedes, y se llama "La soledad". Ella está demasiado débil para salir de su casa, por lo que la grabación tiene lugar en un pequeño estudio instalado en una habitación adyacente a la sala. La canción pone palabras a la soledad que ella ha experimentado a lo largo de su vida, pero no hay rastros de dolor en su voz. Por el contrario, la última canción que envía al mundo es el relajante sonido de olas que lamen borrando las huellas de la soledad en las orillas del corazón humano.

Cantora se convirtió en un rotundo éxito en Argentina en el 2009 y recibió el premio Grammy Latino al Mejor Álbum Folclórico.

Buenos Aires, 18 de septiembre de 2009

DESDE QUE Mercedes terminó la grabación de *Cantora* en junio, su salud continuó deteriorándose. Está en su departamento mirando Buenos Aires desde su ventana, enmarcada por los verdes helechos de su balcón. Fabián llegará pronto para llevarla a la Clínica Trinidad, uno de los mejores hospitales en el barrio de Palermo de Buenos Aires. Empacó un pequeño bolso para llevar con ella. Sus ojos vagan por su sala, desde los floreros llenos de coloridas flores hasta las largas hileras de libros en su biblioteca y, más allá, las piezas de arte que ha coleccionado con los años: pinturas, esculturas, alfombras exóticas tejidas a mano que cubren el suelo y todo tipo de artesanías indígenas. Un retrato decora la pared de la entrada. Es un dibujo hecho por su querida vieja amiga Joan Báez. Sus ojos se detienen en todos los premios que cuelgan en las paredes, los cuales parecen susurrarle, *Somos la prueba de que tu vida no ha sido un error.* Algunos premios, los que ha recibido en los últimos años, significan más para ella que otros: el Premio Konex de Diamante, de 1994, por ser la personalidad más importante de la música popular en Argentina, y dos preciosos premios de 1996, la medalla Simões Lopes Neto por sus méritos artísticos y personales para la promoción de la unidad entre los pueblos, y el premio CIM-UNESCO, son especiales para ella. Son la prueba de que ha vivido con todo su potencial y que ha realizado su destino. Al final del día, eso significa más para ella que ser reconocida mundialmente en 1996 por tener una de las voces más extraordinarias del mundo.

Responde con un suspiro de alivio. Cuando llega Fabián, sigue la conversación con él: "Todo lo que ves aquí no son sólo premios por cantar. Son también premios por lo que pienso. Pienso en los seres humanos. Pienso en la injusticia. Quizás si no hubiese pensado, mi destino hubiese sido diferente. Hubiera sido sólo una cantante normal. Eso es lo que me hace pensar que no me equivoqué cuando comencé a tener una ideología".[3]

Con esta convicción deja su hogar por lo que resultaría ser la última vez. Durante las siguientes tres semanas, la salud de Mercedes sólo empeora. Sus riñones fallan y tiene problemas de hígado y corazón también. Tiene complicaciones con problemas cardio-respiratorios y es llevada a la unidad de terapia intensiva.[45] Sabe que su situación puede volverse fatal y permite que muchos de sus buenos amigos vengan a visitarla y a despedirse en caso de que no sobreviva, aunque tiene esperanzas de que ocurra un milagro. Ama la vida, pero no desea llegar a la edad a la que llegó su madre tampoco. "Prefiero irme cuando aún pienso con claridad", dice.

La tarde del viernes pide a su sacerdote, el Padre Luis Farinello, que venga a darle los santos óleos,[46] un ritual católico de perdón de los pecados en preparación para una persona moribunda que entrará en la vida eterna. El Padre Farinello, que conoce a Mercedes por años, relata que llevar a cabo el ritual fue un momento muy emotivo para ambos, pues Mercedes estaba consciente y sabía que estaba muriendo.

La nación contiene la respiración mientras Fabián, fuera del sanatorio, informa la condición de su madre a los reporteros de noticias. El sábado dice: "Somos muchos los que rezamos por ella y creemos en un milagro, pero su vida está en las manos de Dios". Su sobrino, Coqui Sosa, lo confirma, y cuenta que el sitio web oficial de Mercedes ha colapsado por la enorme cantidad de mensajes de apoyo llegados durante los últimos días.[47] "Muestra que el amor mueve las cosas", dice.

Mercedes quiere más que nada cantar para todos a su alrededor hasta su último aliento. Pero sus pulmones fallan. Es puesta en coma inducido y con respirador artificial mientras sigue bajo constante observación. El 4 de octubre a las 5:15 a.m., muere en paz mientras duerme. Una de las mejores voces que el mundo jamás ha escuchado ha enmudecido. Uno de los más amorosos y apasionados corazones ha dejado de latir.

"Murió en paz en su cama de hospital como una mujer libre que ha conseguido todo lo que deseó en su vida. Vivió sus 74 años con plenitud. No tenía ningún tipo de barrera ni miedo que la limitara",[47] proclama Fabián al encontrarse con la prensa para anunciar la muerte de su madre.

Buenos Aires, 5 de octubre de 2009

CIENTOS DE PERSONAS están reunidas en la verde callejuela fuera del crematorio del cementerio de la Chacarita, en Buenos Aires. Aplauden y cantan mientras el humo blanco se eleva recto y silencioso desde la chimenea hacia el cielo azul primaveral como una ofrenda de gratitud. Como una canción sin palabras. Cantando por última vez: "GRACIAS A LA VIDA".

"Gracias a la vida que me ha dado tanto,
me ha dado la risa y me ha dado el llanto.
Con ellos distingo dicha de quebranto,
los dos materiales que forman mi canto".
"Gracias a la vida", de Violeta Parra

El último deseo de Mercedes fue que sus cenizas fueran esparcidas en tres de sus lugares favoritos: "Cuando muera, deseo estar un poco en Tucumán, un poco en Mendoza y un poco en Buenos Aires". Fabián, junto con los dos nietos, los dos hermanos y los sobrinos de Mercedes, cumplieron con ello. Es un ejemplo más de cómo, tanto en la vida como en la muerte, siempre quiso estar en todas partes, abrazando a todos.

Conclusión

O BVIAMENTE SOSA tenía un considerable, exquisito y supremo talento que le abrió puertas para influir en la política y la cultura de todo el mundo, pero también tenía la capacidad de conectarse con la gente de una forma que no tiene precedentes en ninguna otra figura pública de su época. Ya sea que estuviera en presencia de presidentes, inmigrantes pobres, niños o campesinos, siempre fue respetuosa, atenta y presente. El verdadero secreto detrás de su impacto era, ciertamente, su autenticidad: la forma en que expresaba sus cualidades innatas.

Como hemos visto, supo cómo aceptar lo inesperado y lo extraño, ya fuese un adicto, una persona con síndrome de Down, adolescentes ruidosos o una persona con VIH. Su capacidad para ver la belleza en la gente y aceptarla la hizo parecer misteriosa, probablemente porque el efecto de semejante atención amorosa es verdaderamente poderoso para alguien que no lo ha recibido antes.

La vida de Sosa nos muestra que quienes somos es mucho más importante que nuestro talento.El talento se expresa mediante el *hacer*, mientras que el ADN se expresa mediante el *ser*. Mercedes era consciente de esto. "Hay cosas que son más importantes que las cuerdas vocales. Es lo que sientes cuando haces un sonido, sentimientos de amor, de solidaridad con los demás. No se trata de técnica. Se trata de lo que hay adentro", explicó en una entrevista telefónica con Don Heckman para *Los Angeles Times* en 1995.

Cuando vemos a algunas de las personas más influyentes del mundo de hoy, el amor y la solidaridad no parecen ser parte de su agenda. En cambio, se ha vuelto común que las personas en el poder engañen, intimiden y mientan abiertamente para servir a sus propios intereses y explotan a las personas a las que deben servir sin mostrar ninguna señal de vergüenza. Desde una perspectiva psicológica, es probable que estos comportamientos sean el resultado de una educación en familias disfuncionales; familias con conflictos, mal comportamiento, negligencia y abuso infantil, una infancia con sufrimiento crea hombres y mujeres desesperados, como dijo Mercedes Sosa. Una persona desesperada en política puede causar mucho daño, por lo que en primer lugar, una psicología saludable es mucho más importante que la política.

Fue la educación de Sosa en una familia amorosa y de apoyo emocional, junto con su voluntad de ser moldeada por la oposición y el sufrimiento que enfrentó, lo que fomentó su autenticidad. Si Mercedes pudo recuperarse de sus aflicciones como una persona más empática, resiliente y auténtica, entonces cada uno de nosotros podemos aprender a responder a los desafíos de la vida de una manera constructiva. Es en la escuela de la vida donde nos conocemos, y todos tenemos algo único dentro de nosotros que debemos encontrar una manera de expresar, porque incluso si no tenemos ningún talento extraordinario, aún podemos hacer una diferencia positiva para alguien. No podemos esperar a que los políticos hagan de este mundo un lugar mejor y más justo para todos. La vida de Sosa nos envía un mensaje importante: "PUEDES CAMBIAR EL MUNDO SIENDO TÚ".

Mercedes Sosa merece pasar a la historia como una leyenda mundial. Destacando por ser mujer, su impacto va mucho más allá de la música y la política. Ella es un modelo a seguir que señala el camino hacia un mundo más empático y compasivo, un camino donde el amor y la acción van de la mano.

Fue el amor lo que la llevó ser portavoz de aquellos en los márgenes de la sociedad. Cantó para la gente porque la amaba y, a menudo, gritaba a su público: "Nadie puede, y nadie debe, vivir sin amor"[48].Destacándose siendo mujer, el impacto de Sosa va mucho más allá de la política. No sólo es la voz de América Latina, es la voz del más hermoso y profundo sentimiento del mundo: ¡AMOR! Es la voz de los humildes, de los que sufren, de los olvidados. Siempre en nuestros corazones, Mercedes nos da fuerzas para avanzar con nuestro sueño de un mundo más justo y lleno de esperanza. Esto la convierte en una leyenda que es más relevante que nunca.

Epílogo

ARGENTINA SIGUE LUCHANDO con los fantasmas del pasado. El 1º de agosto de 2017, Santiago Maldonado, un artesano y tatuador de 28 años de edad, desapareció durante una manifestación por los derechos de los pueblos originarios en la Patagonia, donde el pueblo mapuche reclama sus derechos ancestrales sobre una pequeña parcela propiedad de Benetton, la tienda de ropa italiana. Cuando las fuerzas de seguridad aparecieron y dispararon balas de goma y de plomo a los manifestantes, algunos de ellos saltaron al río Chubut para escapar. Santiago, que no sabía nadar, se aferraba a un árbol y fue detenido por la policía, informó un testigo. La Ministra de Seguridad Nacional negó que la policía estuviese involucrada y la policía negó haber detenido a Santiago.

La desaparición llevó a masivas protestas en todo el país. Los argentinos protestaron en las redes sociales y también se realizaron protestas en coordinación con la marcha semanal de las Abuelas de Plaza de Mayo por la memoria, la verdad y la justicia en el nombre de sus nietos desaparecidos durante la dictadura. "Hemos retrocedido 40 años en el tiempo. No puedo aceptarlo", dijo Rosa Tarlovsky de Roisinblit, de 98 años, vicepresidenta de las Abuelas de Plaza de Mayo.

Cristina Fernández de Kirchner, quien contempla un retorno a la presidencia en el 2019, ha sido ferozmente crítica con la respuesta del gobierno ante la desaparición de Maldonado, diciendo que ya no cree que haya ley en Argentina.

Maldonado se convirtió en un símbolo por varios conflictos, desde los derechos de los pueblos originarios a la represión del gobierno, y ha revivido amargos recuerdos de la dictadura militar en Argentina entre 1976 y 1983. Su desaparición ejerció presión en el gobierno de centro-derecha del presidente Mauricio Macri, quien ha intentado minimizar los crímenes de la dictadura en Argentina. Cuando fue interrogado por un periodista de un periódico argentino si pensaba que el número de desaparecidos durante la dictadura era 30,000, Macri respondió: "No tengo idea. Si fueron 9.000 o 30.000, creo que es una discusión que no tiene sentido".

El cuerpo de Santiago fue encontrado luego de 78 días en el río Chubut. Nadie ha sido declarado responsable del crimen y el único oficial de policía acusado fue ascendido por el Ministerio de Seguridad. En diciembre de 2017, un informe publicado por la Coordinadora contra la Represión Policial e Institucional declaró que Argentina está pasando por el pico represivo más violento desde 1983. Si Mercedes Sosa siguiera con vida, creo que hubiera estado llorando por Argentina, denunciando la injusticia, cantando esperanza a la desesperación de la gente y uniendo y consolándolos con un cálido abrazo.

Entrevista

Luis Plaza Ibarra - Amigo cercano

¿Qué significa Mercedes Sosa para ti?

Mercedes Sosa fue parte de mi vida diaria y mi historia. Al crecer en Chile bajo una dictadura donde la música de "artistas de protesta" estaba completamente prohibida, Mercedes Sosa se convirtió en una importante persona que explicaba cómo la gente moría y desaparecía bajo la opresión. Mediante sus canciones y sus letras me dio esperanzas en medio de las terribles cosas que sucedían. Siendo músico yo mismo, era un placer escucharla.

¿Cómo influyó en tu vida?

Mercedes me inspiró a dar siempre lo mejor de mí y ser responsable en todo aspecto, tanto cultural como musicalmente. Me enseñó que nadie se hace grande sin estudiar y mejorar continuamente.

¿Qué es lo más importante que has aprendido de ella?

Mercedes siempre me dio la impresión de calidez y compasión humana. No se portaba como una diva. Si eres grande, no necesitas jactarte o demostrar nada a ti mismo ni a nadie. La verdadera grandeza es mostrar respeto por todos. Mercedes era el epítome de la grandeza. También me enseñó a trabajar para una América Latina unida donde todos los hermanos son iguales.

¿Qué episodio de los años que pasaste con ella tuvo mayor impacto en ti?
Fue cuando Mercedes, durante la última gira en Alemania en 2008, compartió todas las historias detrás de las grabaciones con nosotros mientras viajábamos juntos durante dos semanas en un minibús. ¡Escuchar todo en vivo fue realmente increíble!

¿Puedes mencionar algún episodio divertido de su tiempo juntos?
Hay muchos, pero ahora me acuerdo de un episodio. Fue después de un concierto y acabábamos de llegar al minibús donde la radio estaba tocando una de sus canciones más conocidas internacionalmente. Mercedes estalló diciendo: "Apagá esa música, por el amor de Dios. He estado cantándola durante 50 años, y no quiero escucharla más". La siguiente vez que el público le pidió que cantara esa canción en particular, ella lo hizo con gran profesionalismo, pero yo sabía cómo se sentía acerca de ello.

¿Cuáles fueron los aspectos más destacables de su vida profesional y privada los últimos años de su vida?
Profesionalmente lo más destacable fueron las giras por Italia, España y Alemania, que eran los países en los que se sintió como en casa en la época del exilio. Israel también fue destacable. Todas las entradas a sus conciertos se agotaron y Mercedes siempre decía: "No me han olvidado. Siguen queriéndome". Sentir el amor de su audiencia fue su fortaleza en

la vida. El trabajo en su CD de despedida, *Cantora*, era importante también. No vivió lo suficiente para saber que ganó un Grammy, pero tuvo la alegría de saber que había sido nominada. Durante nuestra gira por Alemania pasó mucho tiempo revisando su repertorio. Seguía teniendo grandes expectativas para sí misma, y decía: "Tengo que hacerlo bien. La grabación estará allí para siempre". A nivel personal, lo destacable fue estar con sus mejores amigos. A pesar de estar débil, siempre encontraba energía y tiempo para disfrutar de su compañía.

¿Cómo manejó el tema de su enfermedad mientras estaba de gira?

Lo manejó más o menos reprimiéndolo. Intentaba mantenerse ocupada con el repertorio y se entregó completamente a su trabajo. No hablaba de su enfermedad y no dejaba que la limitara. Estaba cansada y no tenía apetito, lo cual a veces la afectaba mentalmente. Si se daba cuenta de que tenía pensamientos depresivos, encontraba nueva energía en comenzar a buscar música nueva. Pero difícilmente comentaba sobre su enfermedad.

¿Cómo reaccionó cuando se dio cuenta de que estaba muriendo?

Es difícil responder pues sólo hablé con ella por teléfono. Pero me habló mucho sobre lo mucho que mis amigos y yo significábamos para ella.

Apéndice

MERCEDES SOSA: La Voz de la Esperanza es el primer libro sobre Mercedes Sosa escrito en inglés. Comencé a escribir en mi lengua materna, el danés, pero cuando conocí a mi amigo turco (que se menciona en la introducción), decidí cambiar al inglés, aunque, por supuesto, era mucho más desafiante.

Al realizar mi investigación, conseguí toda la información sobre Mercedes Sosa que pude encontrar en inglés. Sin embargo, la mayoría del material disponible estaba en español. El no tener acceso a fuentes en español parecía un impedimento al principio, pero pronto resultó ser una ventaja, pues me forzó a usar todos mis sentidos. Para lograr que esta fuera una historia singular y personal, decidí apegarme a mi método de percepción. Escuché las canciones de Mercedes Sosa y la observé en DVD o en internet y llegué a conocerla casi de la misma manera en que uno conoce a alguien en la vida real. Si queremos llegar a conocer a alguien, pasamos tiempo con él, escuchamos lo que tiene que decir, observamos sus expresiones y su comportamiento. También hacemos todo lo que podemos para comprender aquello por lo que la otra persona está pasando. Así llegué a conocer a Mercedes Sosa. Usé un enfoque consciente en mi investigación, lo que significa que pasé horas en su compañía, casi todos los días durante seis años, prestando atención a su voz, expresiones, gestos y forma de relacionarse con los demás, mientras notaba el efecto psicológico y físico que estas observaciones tenían en mí misma. Más aún, usé los conocimientos que acumulé sobre Mercedes para empatizar con lo que sería estar en sus zapatos. En el pasaje donde describo lo que pasa por su cabeza cuando el público le dedica una ovación de pie de 10 minutos, me puse de pie, cerré mis ojos, escuché los vítores de un concierto y simulé que era Mercedes... hasta que mi esposo me preguntó qué diablos estaba haciendo.

Usé mi imaginación para fortalecer el flujo de la narrativa o para resaltar un punto en los siguientes pasajes:

La reacción de Mercedes a la muerte de Víctor Jara.

La respuesta temerosa a la carta de advertencia de la Triple A.

Sus pensamientos durante el viaje de regreso del exilio.

Su temor ante lo que pensaría la gente por su sobrepeso cuando se mira en el espejo.

Lo que experimentó durante la ovación de pie de 10 minutos en el Carnegie Hall.

El insomnio en los inicios de su depresión en 1997.

Las reflexiones de Mercedes sobre su vida cuando estudia su rostro en la ventana en el 2007.

La espera de Fabián para llevarla al hospital.

Los conciertos que describo tienen elementos de otros conciertos también.

A veces diferentes fuentes declaran cosas diferentes sobre el mismo tema. Por lo tanto, es incierto si su problema con la bebida fue luego de su divorcio o durante su exilio.

No está claro qué causó la pérdida de su voz durante el exilio. Investigué el muy infrecuente fenómeno y descubrí que probablemente fue un aumento del ácido gástrico lo que causó el problema. Como esta explicación es usada cuando perdió la voz la segunda vez durante su depresión, es probable que fuera eso mismo lo que sucedió durante el exilio. En términos médicos, el diagnóstico es laringitis por reflujo.

Sobre la autora

ANETTE CHRISTENSEN, nacida y criada en Dinamarca, comenzó su carrera ayudando a desarrollar programas de beneficencia internacionales. Más tarde se convirtió en profesora de idioma para estudiantes secundarios, y luego, con su esposo, tuvo una agencia de viajes y una agencia inmobiliaria. Ahora, semirretirada y viviendo en Turquía, escribe y se concentra en temas de crecimiento personal.

Durante años, Anette viajó por muchos lugares del mundo. Sus experiencias con diferentes culturas le permitieron conectarse con personas que tienen una visión de la vida diferente de la suya propia. Está impaciente por aprender de otros y encuentra gozo en aceptar la diferencia de los demás, detectando esa cualidad única que ella cree que hay dentro de cada individuo.

La Fundación
Mercedes Sosa

En Argentina, Fabián Matus, hijo de Mercedes Sosa, y sus dos nietos, Agustín y Araceli, han estado trabajando duro y de todo corazón para mantener vivo el legado de Mercedes Sosa. Estoy emocionada por haber establecido una conexión con esta maravillosa familia y agradecida por su apoyo y su aprecio por el libro. Lamentablemente Fabián Matus murió con solo sesenta años de edad a causa de un cáncer, el 15 de marzo de 2019. Araceli mantienen viva la llama.

La Fundación Mercedes Sosa es una institución cultural sin fines de lucro que busca preservar y difundir la herencia artística de Mercedes Sosa para promover y desarrollar la cultura latinoamericana, en la generación actual y las generaciones futuras, en Argentina y el resto del mundo, mediante muchas actividades culturales que ofrece. Visite www.mercedessosa.org.

Notas Finales

GRACIAS POR tomarse el tiempo para conocer a Mercedes Sosa. Espero que se sienta enriquecido. Quizás entienda por qué es importante mantener vivo su legado compartiendo su historia, continuaré invirtiendo mi tiempo y esfuerzo en traducir el libro a más idiomas, pero como autora publicada también necesito un poco de ayuda de mis lectores, si le cuenta a sus amigos sobre su experiencia de lectura o deja una reseña en Amazon, Goodreads o en otro lugar, le dará más exposición al libro. También puede visitar su biblioteca o librería local y pedirles que tengan una copia a la mano. Estaré muy agradecida por lo que haga, siéntase libre de contactarse conmigo en Facebook, Estaré encantada de escuchar sus comentarios sinceros.

Encuéntrame aquí:
mercedes-sosa.com
Facebook.com/AnetteChristensenAuthor

Grabaciones

Canciones con fundamento (1959)

La voz de la zafra (1961)

Hermano (1966)

Yo no canto por cantar (1966)

Para cantarle a mi gente (1967)

Con sabor a Mercedes Sosa (1968)

Mujeres argentinas (1969)

El grito de la tierra (1970)

Navidad con Mercedes Sosa (1970)

Güemes, el guerrillero del norte (1971)

Homenaje a Violeta Parra (1971)

Cantata Sudamericana (1972)

Hasta la victoria (1972)

Mercedes Sosa y Horacio Guarany (single 1973)

Traigo un pueblo en mi voz (1973)

Mercedes Sosa y Horacio Guarany (single 1974)

A que florezca mi pueblo (1975)

Niño de mañana (1975)

En dirección del viento (1976)

Mercedes Sosa (1976)

Mercedes Sosa interpreta a Atahualpa Yupanqui (1977)

O cio da terra (1977)

Serenata para la tierra de uno (1979)

Gravado ao vivo no Brasil (1980)

A quién doy (1981)

Mercedes Sosa en Argentina (1982)

Como un pájaro libre (1983)

Mercedes Sosa (1983)

Recital (1983)

¿Será posible el sur? (1984)

Corazón americano (1985) (con Milton Nascimento y León Gieco)

Vengo a ofrecer mi corazón (1985)

Mercedes Sosa '86 (1986)

Mercedes Sosa '87 (1987)

Gracias a la vida (1987)

Amigos míos (1988)

Live in Europa (1990)

De mí (1991)

30 años (1993)

Sino (1993)

Gestos de amor (1994)

Oro (1995)

Escondido en mi país (1996)

Alta fidelidad (1997) (con Charly García)

Al despertar (1998)

Misa Criolla (2000)

Acústico (2002)

Argentina quiere cantar (2003) (con Víctor Heredia y León Gieco)

Corazón libre (2005)

Cantora (2009)

Deja la vida volar (2010)

Censurada (2011)

Siempre en ti (2013)

Selva sola (2013)

Ángel (2014)

Lucerito (2015)

Fuentes

1. Mercedes Sosa Has Died, 4 de octubre de 2009, Rachel Hall, *The Argentina Independent.*
2. Irgenwann singe ich John Lennon's Imagine, 25 de octubre de 2003, Hinnerk Berlekamp, berliner-zeitung.de.
3. *Cantora, un viaje íntimo,* DVD.
4. *Mercedes Sosa, La voz de Latinoamérica,* DVD.
5. Tributo a Mercedes Sosa, octubre de 2009, Renata Dikeopoulou, ghostradio.gr.
6. Tomamos la vida muy a la ligera, 1999, Víctor M. Amela, Solidaridad.net.
7. Mi canto latinoamericano, Claus Schreiner, 1988, Darmstadt.
8. *Mercedes Sosa, La Negra,* Rodolfo Braceli, 2010, Penguin Random House.
9. *La Nueva Canción,* Smithsonian Folkways, The New Song Movement in South America.
10. La Legendaria Cantante Argentina Mercedes Sosa murió a los 74 años, 5 de octubre de 2009, Adam Bernstein, *Los Angeles Times..*
11. Mercedes Sosa, A Voice of Hope, 9 de octubre de 1988, Larry Rohter, *The New York Times.*
12. Argentina's Mercedes Sosa Emerges as a Survivor, 22 de octubre de 1988, Victor Valle, *Los Angeles Times.*
13. Mercedessosa.org.
14. The life and death of Víctor Jara, 18 de septiembre de 2013, Andrew Tyler, *The Guardian.*
15. Argentine Singer Sosa's Power Outlasted Political Tyranny, 14 de enero de 2011, Mike Quinn, Sounds Good.
16. Argentina Releases Nazi Files, 4 de febrero de 1992, articles.sun-sentinel.com.
17. *Searching for Life,* Rita Ardetti, 1999, University of California Press.

18. Secret Military Dictatorship's Documents Found in Basement, 5 de noviembre de 2013, Tess Bennett, *The Argentina Independent.*

19. Mercedes Sosa Comes Back from the Pit, 26 de mayo de 1999, Utusan Online.

20. La Negra is back - with God at her side, 6 de junio de 2007, Pablo Calvi, *Daily News.*

21. Folk Legend Mercedes Sosa Dies, 9 de octubre de 2009, *The Telegraph.*

22. Sosa's Land Always Near in her Songs, 4 de septiembre de 2003, Sandra Hernandez, *Sunsentinel.*

23. *Como un pájaro libre*, by Ricardo Willicher, DVD.

24. *Singing Truth to Power: Mercedes Sosa, 1935–2009*, T.M. Scruggs, Nacla.

25. *Mercedes Sosa, ¿Será posible el sur?* by Stefan Paul.

26. Grandmothers of Plaza de Mayo Find Child 126, 6 de diciembre de 2017, *The Bubble, Argentina News*

27. Argentina's Diva of the Dispossessed, 13 de marzo de 2012, Tom Schnabel, blogs.kcrw.com.

28. Mercedes Sosa, Song with no Boundaries, The Free Library.com.

29. Migrant Voice of Argentina, 3 de noviembre de 1989, Geoffrey Himes, *Washington Post.*

30. *Earthcharter.org/discover.*

31. *Three Worlds, Three Voices, One Vision*, DVD.

32. Bruce Springsteen Helped Breach Berlin Wall, *Rolling Stone*, 27 de junio de 2013, por Jon Blistein.

33. Live concert in Boston, 1989, YouTube.

34. Show de Xuxa, Xuxa recibe a Mercedes Sosa, 1993, YouTube.

35. Mercedes Sosa: *Cantora* an Upright Last Offering, Tobias, Tokafi.com.

36. ¿Qué puedo hacer si no es cantar? 20 de mayo de 2006, Karina Micheletto, pagina12.com.ar.

37. Mercedes Sosa, The Voice of the Voiceless Ones, 12 de diciembre de 2011, Christel Veraart, Soundscapes, Blogspot.com.
38. Argentina's Diva of the Dispossessed, 13 de marzo de 2012, Tom Schnabel, blogs.kcrw.com.
39. Mercedes Sosa, Singer or Saint of the People, 9 de febrero de 2014, Sandra Bertrand, galomagazine.com.
40. Concierto completo en Jujuy - Argentina en vivo 1 y 2, marzo de 2001, YouTube.
41. Mercedes Sosa, A Lifelong Source of Inspiration, 9 de octubre 2009, Ian Malinow, *The Examiner*.
42. Argentine singer Mercedes Sosa Dies at 74, 4 de octubre de 2009, Helen Popper, Reuters.
43. Mercedes Sosa se emocionó con una serenata sorpresa, 21 de febrero de 2007, Clarin.com.
44. Serenata a la querida "Negra Sosa" ofrecida por el programa Mp3, Música para el tercer Milenio" conducido por Bahiano, parte 1 y 2.
45. Famed Argentine Folk Singer Mercedes Sosa Hospitalized, breathing with a respirator, 1 de octubre de 2009, entertainment.gaeatimes.com.
46. Argentine Singer, Mercedes Sosa, in Grave Condition, 3 de octubre de 2009, Latin American Herald Tribune, laht.com.
47. Mercedes Sosa, Who Sang of Argentina's Turmoil Dies, 5 de octubre de 2009, Larry Rohter, *The New York Times*.
48. Mercedes Sosa Captivates with substance and Style, 13 de noviembre de 2005, David Cazares, *Sun Sentinel*

Bibliografía

Libros

The Penguin History of Latin America, Edwin Williamson, 1992, Penguin Group

Searching for Life, Rita Ardetti, 1999, University of California Press

Mi canto latinoamericano, Claus Schreiner, 1988, Darmstadt

Mercedes Sosa, La Negra, Rodolfo Braceli, 2010, Penguin Random House

DVDs

Mercedes Sosa, ¿Será posible el sur? de Stefan Paul

Como un pájaro libre de Ricardo Wullicher

Three Worlds, Three Voices, One Vision

Mercedes Sosa, Acústico en Suiza

Cantora, un viaje íntimo

Mercedes Sosa, La voz de Latinoamérica

Web Sites

Mercedessosa.org.

Mercedes Sosa: Cantora an Upright Last Offering, Tobias, Tokafi.com

Folk Legend Mercedes Sosa Dies, 9 de octubre de 2009, The Telegraph

Mercedes Sosa, Who Sang of Argentina's Turmoil, Dies, 5 de octubre de 2009, Larry Rohter, The New York Times

Mercedes Sosa, A Voice of Hope, 9 de octubre de 1988, Larry Rother, The New York Times

Argentine Singing Legend Mercedes Sosa dies at 74, 5 de octubre de 2009, Adam Bernstein, Los Angeles Times

Argentina's Mercedes Sosa Emerges as a Survivor, 22 de octubre de 1988, Victor Valle, Los Angeles Times

Argentina's Rebel-Rousing Diva, 16 de mayo de 2001, Robin Denselow, The Guardian

Mercedes Sosa obituary, 5 de octubre de Garth Cartwright, The Guardian

Argentine singer Mercedes Sosa Dies at 74, 9 de octubre de 2009, Helen Popper, Reuters

Mercedes Sosa has Died, 4 de octubre de 2009, Rachel Hall, The Argentina Independent

Cumplo mi promesa, Martín Pérez, Pagina12.com

Secret Military Dictatorship's Documents Found in Basement, 5 de noviembre de 2013, Tess Bennett, The Argentina Independent

La Nueva Canción, Smithsonian Folkways, The New Song Movement in South America

Irgenwann singe ich John Lennon's Imagine, 25 de octubre de 2003, Hinnerk Berlekamp, berliner-zeitung.de

Tribute to Mercedes Sosa, octubre de 2009, Renata Dikeopoulou, ghostradio.gr

Famed Argentine Folk Singer Mercedes Sosa Hospitalized, breathing with a respirator, 1 de octubre de 2009, entertainment.gaeatimes.com

Argentine Singer, Mercedes Sosa, in Grave Condition, 3 de octubre de 2009, Latin American Herald Tribune, laht.com

Mercedes Sosa Remains Grave with "Deterioration of Organ Functions," Latin American Herald Tribune, laht.com

Sosa's Land Always Near in her Songs, 4 de septiembre de 2003, Sandra Hernandez, Sun Sentinel

Argentina's Diva of the Dispossessed, 13 de marzo de 2012, Tom Schnabel, blogs.kcrw.com

Mercedes Sosa, Singer or Saint of the People, 9 de febrero de 2014, Sandra Bertrand, galomagazine.com

Cantora, Mercedes Sosa, Fernando Gonzalez, irom.wordpress.com

¿Qué puedo hacer si no es cantar? 20 de mayo de 2006, Karina Micheletto, pagina12.com.ar

Mercedes Sosa, a compelling figure in world music and a social activist, 29 de octubre de 1995, Don Heckman, Los Angeles Times

Political Controversy Won't Keep Sosa Out of Miami, 3 de noviembre de 1989, John Lennart, Sun Sentinel

Argentina Releases Nazi Files, 4 de febrero de 1992, articles.sunsentinel.com

Migrant Voice of Argentina, 3 de noviembre de 1989, Geoffrey Himes, Washington Post

Mission Justice - Argentina, Human Rights Violations in Argentina, 9 de agosto de 2010, Drew Gillespie, missionjusticeargentina.blogspot.com.tr

Blending politics and music, 21 de octubre de 2009, Bridget Broderick, Socialistworker.org

Mercedes Sosa, The Voice of the Voiceless Ones, 12 de diciembre de 2011, Christel Veraart, Soundscapes, Blogspot.com

Argentina Plaza de Mayo Grandmothers find child 119, 1 de diciembre de 2015, BBC News

Film: Será Posible el Sur?, On an Argentine Singer, 11 de septiembre de 1987, Jon Pareles, The New York Times

Earthcharter.org/discover

The life and death of Víctor Jara, 18 de septiembre de 2013, Andrew Tyler, The Guardian

Argentine Singer Sosa's Power Outlasted Political Tyranny, 14 de enero de 2011, Mike Quinn, Sounds Good

Singing Truth to Power: Mercedes Sosa, 1935–2009, T.M. Scruggs, Nacla

Bruce Springsteen Helped Breach Berlin Wall, 27 de junio de 2013, Jon Blitstein

Mercedes Sosa, Songs with no Boundaries, junio de 1996, Caleb Bach, Questia.com

Mercedes Sosa Captivates with substance and Style, 13 de noviembre de 2005, David Cazares, Sun Sentinel

Tomamos la vida muy a la ligera, 1999, Víctor M. Amela, Solidaridad.net

Mercedes Sosa se emocionó con una serenata sorpresa, 21 de febrero de 2007, Clarin.com

La Negra is back - with God at her side, 6 de junio de 2007, Pablo Calvi, Daily News

Mercedes Sosa Comes Back From the Pit, 26 de mayo de 1999, Utusan Online

Argentina's Mercedes Sosa - She died in Peace, a Free Woman, Georgianne Nienaber, Huffington Post

Mercedes Sosa, A Lifelong Source of Inspiration, 9 de octubre de 2009, Ian Malinow, The Examiner

Santiago Maldonado, Missing backpacker takes center stage in Argentina's elections, 6 de octubre de 2017, Uki Goñi, The Guardian Argentina. A 23 años del asesinato del periodista Mario Bonino, el crimen continúa impune, Resumen, 12 de noviembre de 2016

Entrevistas
Christel Verarrt, compositor, cantante, Alaska
Fernando Pellegrini, periodista, Argentina
Luis Plaza Ibarra, músico, Gothenburg, Sweden
Ignacio Zamalloa Markovic, actor, La Plata, Buenos Aires

Fotografiás
Página 16 © Annemarie Heinrich
Página 50 © Ron Kroon/Anefo
Página 88 © Sergio 252
Página 89 © Sergio 252
Página 132 © Fundación Mercedes Sosa

Gracias al artista chileno, Ernesto Guerrero Pititore, por proporcionar la imagen para la portada. Pititore nació en Santiago de Chile el 11 de mayo de 1974. Así como en cuba Iván Soca se dedicó a fotografiar a los trovadores cubanos en boga durante la década de los 90 y fue denominado como "el fotógrafo de la trova", podríamos decir que Ernesto Guerrero Pititore es "El pintor de la trova" en Chile, y mucho más, es el fundador y primer representante en el mundo, del movimiento artístico denominado "CUMA-ART".

Mercedes Sosa - la Voz de la Esperanza

Si se encuentra interesado en el crecimiento personal, podría estar interesado en leer Mercedes Sosa – The Voice of Hope (Mercedes Sosa - La Voz de la Esperanza), que incluye mi viaje de sanación personal con Mercedes Sosa. Esta parte se puede usar como inspiración para todos los que viven con estrés, depresión, trauma o enfermedades crónicas, mi experiencia está respaldada por la neurociencia y esta parte del libro ha sido validada y editada por terapeutas profesionales. Aquí un extracto del libro.

LUEGO DE descubrir a Mercedes Sosa, me sentaba diariamente y practicaba *mindfulness*, una forma de meditación que había aprendido de mi amiga en Nueva Zelanda. Me sentaba en silencio e inspiraba y exhalaba profundamente, sin planear que pasara nada; simplemente estaba prestando atención al momento presente y a lo que sucedía en mi mente.

Casi siempre escuchaba una canción de Mercedes mientras meditaba, y a veces los recuerdos se hacían conscientes espontáneamente. Cuando surgían situaciones desagradables o sin resolver de mi niñez, imaginaba cómo hubiera sido la situación si Mercedes hubiese estado allí conmigo. Esto se volvió una herramienta que usaba como bálsamo para parte del dolor acumulado dentro de mí. A menudo encontraba en el rostro de Mercedes una expresión que necesitaba para un momento específico. Entonces congelaba la pantalla de la computadora y hablaba con ella.

Mindfulness no es sólo estar presente en el momento; también es estar presente de una forma compasiva y libre de críticas. Espontáneamente comenzaba a acariciar mi rostro con mis manos con movimientos largos y lentos que seguían el ritmo de mi respiración. Ser amable y gentil conmigo misma y tocar mi piel de una forma cariñosa me permitía conectarme conmigo misma y sentirme más presente, pues causa la liberación de oxitocina en mi cuerpo. Tener una actitud cariñosa y de aceptación hacia mí misma se convirtió en parte de mi práctica de meditación diaria, y una de las claves de mi recuperación.

Cuando meditaba con una actitud cariñosa y amable hacia mí misma, me daba una sensación de calma, y lágrimas de alivio fluían por mi rostro al permitir yo que surgieran recuerdos sin juzgarlos o intentar evitarlos. Viajaba de regreso a mi niñez y hasta la época en que llegué a la adolescencia. Con la ayuda de *mindfulness* y la imaginación, Mercedes y yo reescribimos las historias juntas de manera que disminuyó el impacto de los traumas.

El *mindfulness*, el reenfoque y la imaginación son herramientas poderosas mediante las cuales podemos tomar control de nuestra atención y rediseñar las conexiones neurales de nuestro cerebro, que es lo que hace que podamos reescribir nuestra historia. Creo que todos pueden reescribir su historia conectándose con su niño interior. Reescribir la historia de uno no significa negar algo; se trata de reconocer lo que fue estar en cierta situación y luego generar una mejor.

www.ingramcontent.com/pod-product-compliance
Lightning Source LLC
Chambersburg PA
CBHW071753120626
46550CB00002B/772